Jean-Louis Ska

Espelhos, lâmpadas e janelas

Introdução à hermenêutica bíblica

Tradução de Cássio Murilo Dias da Silva

Edições Loyola

Título original:
Specchi, lampade e finestre
– Introduzione all'ermeneutica biblica
© 2014 Centro editoriale dehoniano
Via Scipione Dal Ferro, 4 – 40138 – Bologna
www.dehoniane.it
ISBN 978-88-10-55814-0

Texto originalmente publicado como o quarto capítulo
da obra de Jean-Louis Ska, *Il libro sigillato e il libro aperto*,
EDB, Bologna, 2005, 59-97.

Dados Internacionais de Catalogação na Publicação (CIP)
(Câmara Brasileira do Livro, SP, Brasil)

Ska, Jean-Louis
  Espelhos, lâmpadas e janelas : introdução à hermenêutica
bíblica / Jean-Louis Ska ; tradução de Cássio Murilo Dias da Silva. --
1. ed. -- São Paulo : Edições Loyola, 2023. -- (Leituras bíblicas)

  Título original: Specchi, lampade e finestre - Introduzione
all'ermeneutica biblica
  ISBN 978-65-5504-244-3

  1. Bíblia - Interpretação 2. Hermenêutica - Aspectos religiosos -
Cristianismo 3. Teologia - Ensino bíblico I. Título II. Série.

23-141469   CDD-220.601

Índices para catálogo sistemático:
1. Hermenêutica bíblica   220.601
Henrique Ribeiro Soares - Bibliotecário - CRB-8/9314

Capa e diagramação: Ronaldo Hideo Inoue
   Imagem da capa e aberturas de © ungvar | Fotolia

Edições Loyola Jesuítas
Rua 1822 n° 341 – Ipiranga
04216-000 São Paulo, SP
T 55 11 3385 8500/8501, 2063 4275
editorial@loyola.com.br
vendas@loyola.com.br
www.loyola.com.br

Todos os direitos reservados. Nenhuma parte desta obra pode ser reproduzida ou transmitida por qualquer forma e/ou quaisquer meios (eletrônico ou mecânico, incluindo fotocópia e gravação) ou arquivada em qualquer sistema ou banco de dados sem permissão escrita da Editora.

ISBN 978-65-5504-244-3

© EDIÇÕES LOYOLA, São Paulo, Brasil, 2023

103478

Sumário

7 Introdução

11 **1** Documento, monumento, evento

35 **2** Espelhos, lâmpadas e janelas

63 Conclusão

65 Suplemento bibliográfico

73 Índice dos textos bíblicos

75 Índice temático

77 Índice de nomes

Introdução[1]

---

[1] Transcrição da conferência feita no Studio Teologico San Paolo de Catania, em 20 de fevereiro de 2003.

A hermenêutica bíblica ou ciência da interpretação dos textos bíblicos é tão antiga quanto a própria Bíblia. A Bíblia interpreta a si mesma, diziam os reformadores: *"Scriptura interpres sui ipsius"* ("A Escritura é intérprete de si mesma") ou *"Scriptura Scripturam interpretatur"* ("A Escritura é interpretada por meio da Escritura"). Sem dúvida, tal afirmação tinha uma conotação polêmica contra o uso que a Igreja católica fazia da tradição como outra fonte de "revelação" ao lado da Escritura. Em todo caso, e sem entrar nesta discussão, muitos estudos têm demonstrado a existência de uma exegese interna à própria Bíblia[2]. Textos antigos foram relidos e reinterpretados em situações novas e para corresponder a mentalidades diversas[3]. O mesmo modo de ler continua com a exegese rabínica, a patrística e a medieval; depois, muda seu curso parcialmente durante o renascimento e a época moderna e, enfim, desemboca em um imenso delta de leituras diferentes no mundo contemporâneo[4]. Como, então, ler a Bíblia hoje, em um mundo pluralista e secularizado? A Bíblia é um livro aberto ou lacrado e quase incompreensível? As reflexões deste ensaio pretendem fornecer alguns pontos de referência para apresentar a hermenêutica moderna e as suas

---

[2] O livro fundamental é o de FISHBANE, M., *Biblical Interpretation in Ancient Israel*, Oxford, Clarendon, 1985. Para uma bibliografia sobre o assunto, ver TULL, P., Intertextuality and the Hebrew Scriptures, *Current Research Biblical Studies* 8 (2000) 59-90.

[3] Cf. o artigo de SANDMEL, S., The Haggadah within Scripture, *Journal of Biblical Literature* 80 (1961) 105-122.

[4] Para uma obra de grande qualidade sobre a história da exegese, ver SÆBØ, M. (org.), *Hebrew Bible, Old Testament. The History of its Interpretation, 1: From the Beginning to the Middle Ages (Until 1300), Part 1: Antiquity*, Göttingen, Vandenhoeck & Ruprecht, 1996; *Part 2: The Middle Ages*, Göttingen, Vandenhoeck & Ruprecht, 1999 (com abundantes bibliografias).

imensas potencialidades. Não seguirei uma ordem cronológica nem tentarei ser completo; em vez disso, usarei uma série de palavras-chave ou de metáforas que muitas vezes se encontram nos manuais de hermenêutica ou de crítica literária e que têm a vantagem de caracterizar de modo simples e prático as principais tendências da pesquisa[5]. Este ensaio visa, portanto, oferecer, em primeiro lugar, uma visão panorâmica.

---

[5] Para uma primeira abordagem dos problemas de hermenêutica bíblica, ver ALONSO SCHÖKEL, L.; BRAVO ARAGÓN, J. M., *Appunti di ermeneutica*, Bologna, EDB, 1994; ARTOLA ARBIZA, A. M.; SÁNCHEZ CARO, J. M., *Bíblia e Palavra de Deus*, São Paulo, Ave Maria, 1996; BORI, P. C., *L'interpretazione infinita. L'ermeneutica cristiana antica e le sue trasformazioni*, Bologna, il Mulino, 1987; GRECH, P., *Ermeneutica e teologia biblica*, Roma, Borla, 1986; JEANROND, W. G., *L'ermeneutica teologica. Sviluppo e significato*, Brescia, Queriniana, 1994; MANNUCCI, V., *Bíblia, Palavra de Deus*. São Paulo, Paulus, 1986; STEMBERGER, G., *Ermeneutica ebraica della Bibbia*, Brescia, Paideia, 2000.

1

Documento,
monumento,
evento

Documento

"*Literary study differs from historical study in having to deal not with documents but with monuments*" (Os estudos literários diferem dos estudos históricos por terem de lidar, não com documentos, mas com monumentos)[1]. Esta frase, muitas vezes citada nos últimos anos em certos ambientes literários e exegéticos, servia para opor dois modos de ler os textos. No mundo da exegese, a frase tornou-se uma espécie de grito de guerra contra a exegese histórico-crítica e o tipo de monopólio que ela exercia – ou parecia exercer – sobre os estudos bíblicos. De fato, as duas palavras-chave que encontramos nesta frase evocam dois universos mentais que se definem em oposição um ao outro. Tentemos explicá-los melhor para ver quais são as características destes dois mundos, bem como os seus limites. Logo surgirá a questão sobre se realmente um exclui o outro. Inicio com os estudos "históricos" – em exegese, os estudos histórico-críticos –, que têm três objetivos principais[2].

Primeiro, a explicação do texto geralmente começa com o estudo da sua gênese. Muitíssimas vezes se faz uma caricatura deste tipo de estudos. É verdade, porém, que

---

1   WELLEK, R., *Conceitos de Crítica*, São Paulo, Cultrix, 1963, 23-24.
2   Existem diversas apresentações do método histórico-crítico. Ver, por exemplo, GUILLEMETTE, P.; BRISEBOIS, M., *Introduction aux méthodes historico-critiques*, Montréal, Fides, 1987; trad. it.: *Introduzione ai metodi storico-critici*, tradução de C. Valentino, Roma, Borla, 1990; SIMIAN-YOFRE, H. (org.), *Metodologia do Antigo Testamento*, São Paulo, Loyola, 2000, 73-108; STECK, O. H., *Exegese des Alten Testaments. Leitfaden der Methodik. Ein Arbeitsbuch für Proseminare, Seminare und Vorlesungen*, Neukirchen-Vluyn, Neukirchener Verlag, ^{12}1989; trad. ingl.: *Old Testament Exegesis: A Guide to the Methodology*, Atlanta (GA), Scholars Press, ^{2}1998. Para uma introdução prática, ver SILVA, C. M. D. *Metodologia de exegese bíblica; versão 2.0*, São Paulo, Paulinas, 2022.

a exegese histórico-crítica tem interesse em estabelecer as diversas etapas da formação do texto. No que se refere à Bíblia, o postulado de base, confirmado após tantos estudos, é de que o texto atual é repleto de dificuldades porque é compósito. Não foi escrito por apenas um autor, em um breve período de tempo, para um reduzido grupo de leitores. Os autores são muitos, trabalharam em diversos períodos da história, em diversas circunstâncias e para diversos tipos de destinatários. Pode-se acrescentar que, segundo algumas escolas, os textos atuais nasceram até mesmo na tradição oral bem antes de serem colocados por escrito[3]. É supérfluo dizer que este tipo de estudo é, obviamente, de natureza unicamente diacrônica, e não sincrônica, porque a dimensão temporal e a ideia de desenvolvimento são essenciais na análise dos textos[4].

Segundo, é necessário compreender o texto partindo da intenção do seu autor. Isso exige poucas explicações, ao menos à primeira vista, porém é de capital importância nas discussões acerca da hermenêutica bíblica atual, como ve-

---

[3] Especialmente para a escola da *Formgeschichte*, cujo "inventor" é H. Gunkel. Sobre a tradição oral, ver o estudo crítico de KIRKPATRICK, P. G., *The Old Testament and Folklore Study*, Sheffield, Sheffield Academic Press, 1988. Sobre a *Formgeschichte*, ver, entre outros, TUCKER, G. M., *Form Criticism of the Old Testament*, Philadelphia, Fortress Press, 1971; SWEENEY, M. A.; BEN ZVI, E. (orgs.), *The Changing Face of Form Criticism for the Twenty-First Century*, Grand Rapids (MI) – Cambridge (UK), Eerdmans, 2003. Não obstante, a apresentação clássica da *Formgeschichte* continua a de KOCH, K., *Was ist Formgeschichte? Neue Wege der Bibelexegese*, Neukirchen-Vluyn, Neukirchener Verlag, 1964; ²1967; trad. ingl.: *The Growth of the Biblical Tradition: The Form-Critical Method*, London, A. & C. Black, 1969.

[4] Os termos "sincrônico" (sem referência ao desenvolvimento histórico) e "diacrônico" (segundo o desenvolvimento histórico) foram cunhados pelo linguista suíço F. de SAUSSURE, no seu *Curso de linguística geral*, São Paulo, Cultrix, ³⁴2012, 123.

remos. Para a exegese histórico-crítica, a intenção do autor é um critério de primeira importância. O escopo da exegese não é saber o que o texto pode significar *para mim, hoje*, nem o que significou em diversas épocas da história, como, por exemplo, para Santo Agostinho, para São Tomás de Aquino ou para o Concílio de Trento[5], e muito menos o que poderia definitivamente significar para uma teologia dogmática. Ao contrário, o objeto da pesquisa é o significado original, o primeiro, aquele que precede todos os outros, aquele que o autor do texto "queria dizer". Muitíssimas vezes, o significado original tem, na mente de muitos exegetas, um valor superior. A anterioridade e a originalidade de um significado equivalem à sua superioridade em relação a todos os significados sucessivos. Por este motivo, a exegese histórico-crítica busca determinar qual é o texto original e o distingue acuradamente de tudo o que é "secundário" em termos de tempo e, portanto, também de valor. Nem todos os exegetas aplicam estes princípios de modo sistemático e rígido, mas esta escala de valores está presente no horizonte de toda pesquisa de tipo histórico-crítico.

Terceiro, o texto é interpretado em função dos seus primeiros destinatários. As reações dos expoentes dos métodos históricos são quase lendárias. Por exemplo, deve-se evitar acuradamente fazer qualquer referência ao significado de um texto para o mundo atual. Deve-se também excluir toda alusão ao que "me agrada" ou "não me agrada" em determinado texto. É necessário que a interpretação seja objetiva,

---

5   Este tipo de pesquisa se chama "história da recepção" de determinado texto, em alemão, *Wirkungsgeschichte*. Em italiano, fala-se também de "estética da recepção".

não subjetiva; é igualmente necessário que seja "científica", e não se interesse pela pastoral ou pela homilética. Deve-se, portanto, reler o texto como se fôssemos os seus primeiros destinatários e evitar todo juízo de valor em conformidade com categorias ou, pior ainda, com os gostos de hoje.

Um exemplo ilustrará melhor este modo de proceder. Gênesis 22,1-19, o assim chamado "sacrifício de Isaac" ou, mais exatamente, a "prova de Abraão", foi objeto de muitos estudos do tipo que acabamos de descrever[6]. Primeiramente, os estudiosos desta escola procuraram estabelecer quais são as "fontes" do texto. Em geral, o trecho é atribuído à fonte chamada *eloísta*, proveniente do reino do Norte, no século VIII a.C., porque nele aparece várias vezes o nome divino *'elohîm*, que deu nome à fonte (22,1.3.8.9.12). A aparição do outro nome divino, YHWH, característico da fonte *javista* (reino do Sul, século X ou IX a.C.), em 22,11.14.15 cria uma dificuldade que os exegetas resolvem de diversos modos. Para muitos, trata-se da correção de um escriba. Para outros, o fato obriga a rever a atribuição do trecho à fonte *eloísta* ou, até mesmo, a teoria documentária clássica. Enfim, os versículos 15-18, o segundo discurso do anjo de YHWH, são considerados pela grande maioria dos especialistas um acréscimo tardio que visa esclarecer a dimensão teológica do trecho[7]. O anjo de YHWH, com efeito, torna a confirmar as suas

---

6   Cf., por exemplo, o tratamento clássico desta passagem no comentário de WESTERMANN, C., *Genesis 12-36*, Neukirchen-Vluyn, Neukirchener Verlag, 1981, ou mesmo KILIAN, R., *Isaaks Opferung. Zur Überlieferungsgeschichte von Gen 22*, Stuttgart, Katholisches Bibelwerk, 1970; ID., Isaaks Opferung. Die Sicht der historisch-kritischen Exegese, *Bibel und Kirche* 41 (1986) 98-104.

7   Ver MOBERLY, R. W. L., The Earliest Commentary on the Akedah, *Vetus Testamentum* 38 (1988) 302-323.

promessas a Abraão após a prova, criando um estreito vínculo lógico entre o gesto do profeta e estas promessas: "Por teres agido assim [...], eu te abençoarei...".

A identificação de diversos estratos do texto está ligada à identificação do lugar e da data de redação, como visto anteriormente. Se o texto é majoritariamente um trecho *eloísta*, provém do reino do Norte e foi redigido em torno do século VIII a.C. Insere-se, portanto, no âmbito do profetismo setentrional e liga-se, de algum modo, à pregação de Elias, Eliseu, Amós e Oseias.

A última tarefa da exegese é identificar a intenção do trecho. Trata-se de uma polêmica contra os sacrifícios humanos? Da ilustração de um tema caro ao eloísta, isto é, o "temor de Deus" (22,12)[8]? Ou mesmo de uma legitimação do culto de Jerusalém (22,2.14)[9]? De um ensinamento sobre a providência divina (22,8.14)? De um relato que retrata a "prova" de Israel em período pós-exílico[10]? Todas estas perguntas são interligadas, pois a resposta de uma obriga a mudar as respostas às outras. Muitíssimas vezes, o raciocínio parte exatamente da intenção do texto para depois datá-lo.

---

8   Ver o artigo repleto de nuance de McEvenue, S. E., The Elohist at Work, *Zeitschrift für die Alttestamentliche Wissenschaft* 96 (1984) 315-332.

9   O Monte Moriá é identificado com o Monte Sião, o monte do templo de Jerusalém, em 2 Crônicas 3,1. Já o célebre rabino Abraham Ibn Ezra identificava o "monte no qual Yhwh se faz ver" com o Monte Sião. Ver também Baltzer, K., Jerusalem in den Erzvätergeschichten der Genesis? Traditionsgeschichtliche Erwägungen zu Gen 14 und 22, in: Blum, E.; Macholz, C.; Stegemann, E. W. (orgs.), *Die Hebräische Bibel und ihre zweifache Nachgeschichte*, FS. R. Rendtorff, Neukirchen-Vluyn, Neukirchener Verlag, 1990, 3-12.

10 Ver Veijola, T., Das Opfer des Abraham – Paradigma des Glaubens aus dem nachexilischen Zeitalter, *Zeitschrift für Theologie und Kirche* 85 (1988) 129-164.

Não faltam críticas a este modo de ler a Bíblia[11]. Deve-se, porém, reconhecer que a leitura de textos antigos exige necessariamente um esforço de tradução que não é apenas linguístico. A distância cultural que nos separa da Bíblia obriga o leitor moderno a rever muitas noções e representações. A cultura era basicamente a de um povo de agricultores e de pastores que viviam em pequenas aldeias. Além disso, a política e a economia funcionavam de modo bem diferente do que conhecemos hoje. Aqueles que querem descartar os estudos histórico-críticos esquecem – muitas vezes de modo oculto e não crítico, ou inconscientemente – que necessariamente trabalham com uma série de postulados pessoais sobre a cultura do tempo.

Por outro lado, é igualmente necessário admitir que a exegese não é um simples jogo intelectual no qual o exegeta esfacela o texto em uma infinidade de fragmentos pertencentes a dezenas de fontes ou redações pulverizadas no tempo e no espaço. Do ponto de vista prático, isso parece totalmente inverossímil[12]. Na antiguidade, escrevia-se sobre tabuinhas, sobre papiros ou sobre pergaminhos. O material era caro, e escrever era uma atividade lenta, penosa e muito dispendiosa. Para inserir uma única palavra em determinado texto, era necessário reescrever todo o documento, tanto a tabuinha quanto o rolo. A simples ideia desse tipo de operação devia desencorajar mais de um escriba. Por outro lado, os manuscritos que temos hoje não apresentam traços

---

11   Para uma série de artigos sobre este assunto, ver MOOR, J. C. de (org.), *Synchronic or Diachronic? A Debate on Method in Old Testament Exegesis*, Leiden, Brill, 1995.

12   SKA, J.-L., *Introdução à leitura do Pentateuco. Chaves para a interpretação dos cinco primeiros livros da Bíblia*. São Paulo, Loyola, 2003.

daquilo que é suposto por diversas teorias sobre as fontes ou redações dos textos bíblicos. Temos, todavia, diversos exemplos de textos compósitos, ou textos reelaborados várias vezes ao longo do tempo. Refiro-me, por exemplo, à Epopeia de Gilgamesh, um dos textos mais famosos da cultura mesopotâmica. Alguns estudos a respeito têm permitido elaborar modelos interessantes para o estudo da Bíblia[13].

Acrescentemos que muitas e muitas vezes a exegese histórico-crítica, especialmente em períodos menos inspirados, contentou-se em classificar os textos conforme teorias ou modelos preestabelecidos, e não se preocupou em "interpretar", isto é, fazer os textos "falar"[14].

In medio stat virtus, diziam os antigos; e talvez seja uma das conclusões às quais deveremos chegar. Repetimos que o objetivo da exegese histórico-crítica certamente não é decompor minuciosamente os textos em ínfimos fragmentos, para depois tentar conjecturar uma data exata (ano, mês, dia...) para cada um deles. Diferentemente, ela tem como principal escopo ler os textos no seu contexto histórico, segundo as convenções e as categorias do seu tempo, e não do nosso. Além disso, ela parte do inquestionável pressuposto de que os textos bíblicos têm uma história que deixou marcas na redação dele e que foram compostos se-

---

[13] TIGAY, J. H., *The Evolution of the Gilgamesh Epic*, Philadelphia, University of Pennsylvania Press, 1982; ID. (ed.), *Empirical Models for Biblical Criticism*, Philadelphia, University of Pennsylvania Press, 1985.

[14] Cf. as reflexões de G. VON RAD, no início do seu famoso artigo "Das formgeschichtliche Problem des Hexateuch", Stuttgart, Kohlhammer, 1938, reimpressso em *Gesammelte Studien zum AT*, München, Kaiser, 1958, 9-86; trad. ingl.: The Form-Critical Problem of the Hexateuch, in: *The Form-Critical Problem of the Hexateuch and Other Essays*, New York, McGraw-Hill, 1966, 1-78.

gundo códigos que pertencem a uma cultura muito diferente e distante da nossa. Querer ler os textos sem levar em conta esses parâmetros significa recusar-se a lê-los como se apresentam, *prout iacent*, e ignorar uma das suas características essenciais.

Monumento

Os estudos sincrônicos que consideram os textos em primeiro lugar como "monumentos" são quase todos filhos da nova crítica de I. A. Richards (1893-1979)[15]. Esta escola de crítica literária surgida no mundo anglo-saxão dava a si mesma quatro tarefas principais. Primeiro, queria demonstrar que a crítica literária é verdadeira ciência, semelhante a outras ciências, e uma ciência autônoma não assimilável à história, nem à filosofia, nem à psicologia, nem à sociologia, nem a qualquer outra ciência. A crítica literária tem seus os próprios métodos, que não provêm de outras ciências, por exemplo, das ciências humanas ou do

---

15 Obras principais: OGDEN, C. K.; RICHARDS, I. A., *O significado de significado*, Rio de Janeiro, Zahar, 1976; RICHARDS, I. A., *Princípios de crítica literária*, Porto Alegre, Globo, ²1971; ID., *Science and Poetry*, London, Kegan & Trubner, 1926; ID. *A prática da crítica literária*, São Paulo, Martins Fontes, 1997; ver também a obra de um discípulo de Richards, EMPSON, W., *Seven Types of Ambiguity*, London, Chatto and Windus, 1930, com um título característico deste método. As palavras-chave da nova crítica são: ambivalência, ambiguidade, tensão, ironia, paradoxo. Além disso, os expoentes da nova crítica querem evitar em seus estudos os lugares-comuns (*stock responses*) e as respostas "pessoais" (afetivas). Eles buscam a unidade da obra literária em uma complexa rede de oposições. L. Alonso Schökel introduziu muitos elementos da nova crítica no mundo da exegese. Sobre o método, ver SKA, J.-L., La "nouvelle critique" et l'exégèse anglo-saxonne, *Recherches de Science Religieuse* 80 (1992) 29-53.

estudo da história[16]. Segundo, a obra literária é autônoma, tem vida própria e não depende, para a sua interpretação, da ligação com o seu autor, com os seus primeiros destinatários ou com o mundo que representa. Para estes estudiosos, é inútil perguntar qual era a intenção do autor, e ai de quem pergunta a um crítico pertencente a esta escola: "Mas o autor queria realmente dizer isto?". Remexer na correspondência de um autor ou na sua biografia para reconhecer alguns dos personagens dos seus romances ou encontrar algum parentesco entre as suas experiências e aquilo que ele descreve nas suas obras é um trabalho que se deve deixar para o historiador, mas que não interfere em nada no estudo específico da obra literária[17]. I. A. Richards, por exemplo, fazia seus alunos de Cambridge ler poemas sem dizer quem era o autor, exatamente para evitar contaminar o estudo da obra com julgamentos prévios ou com noções estranhas ao campo literário. Terceiro, a análise literária de um texto é objetiva e científica. Não se deve jamais contaminá-la com reações pessoais e afetivas ("O que me agrada neste texto...", "O que me impressiona neste texto..." etc.). A análise baseia-se no texto, nos fenômenos presentes no texto, e não se refere a sentimentos

---

16   Para uma boa apresentação do método, ver o clássico manual de WELLEK, R.; WARREN, A., *Teoria da Literatura*, Lisboa, Publicações Europa-América, 1971.

17   Cf. o artigo de WIMSATT, W. K.; BEARDSLEY, M. C., The Intentional Fallacy, in: *The Verbal Icon: Studies in the Meaning of Poetry*, Lexington, Kentucky University Press, 1954, reeditado em RICHTER, D. H. (org.), *The Critical Tradition: Classic Texts and Contemporary Trends*, Boston, Bedford, 1998, 748-756. Intentional Fallacy descreve o erro de quem confunde o significado de um texto com a busca exclusiva da intenção do autor, especialmente baseando-se em diários, cartas ou anotações pessoais escritas por ele.

e emoções do leitor[18]. A tarefa do crítico literário é compreender e explicar, e não exprimir as próprias reações. Quarto, a interpretação de uma obra literária não pode se reduzir ao estudo da sua gênese. Não basta indagar a respeito dos diversos estágios da formação de uma obra – por exemplo, recolher e comparar diversos rascunhos – para compreender o significado da obra acabada. Estudar a gênese de uma obra literária é um estudo histórico, não literário, no sentido próprio da palavra. O estudo literário se concentra na obra acabada, no seu estágio final, e prescinde de toda e qualquer referência aos estágios anteriores. O tipo de leitura proposto pela nova crítica recebe muitas vezes o nome de *close reading* ("leitura atenta", "leitura próxima [ao texto e unicamente ao texto]").

No mundo da exegese, os estudiosos que aderiram a estes postulados críticos optaram pelo estudo do texto *prout iacet* (como se apresenta) na sua redação final, sem tentar distinguir fontes, estratos, redações e acréscimos tardios[19].

---

[18] No mesmo artigo citado na nota anterior, Wimsat e Beardsley falam também de *Affective Falacy* ["falácia afetiva"], isto é, do erro que consiste em identificar o significado de um texto com o seu efeito sobre o leitor, especialmente as reações emotivas (*affect*, em inglês).

[19] Cf. por exemplo os trabalhos de J. P. FOKKELMAN, em particular o mais característico e interessante, *Narrative Art in Genesis. Specimens of Stylistic and Structural Analysis*, Assen-Amsterdam, Van Gorcum, 1975; ver também Sheffield, 1991. Um dos precursores deste tipo de estudo, talvez mal compreendido por seus apoiadores, foi J. MUILENBURG; ver o seu famoso "discurso-programa", Form Criticism and Beyond, *Journal of Biblical Literature* 88 (1969) 1-18. Fala-se frequentemente deste contexto de *Rhetorical Criticism*, especialmente no que se refere à analise dos textos poéticos. Cf. PORTER, S. E.; STAMPS, D. L. (orgs.), *Rhetorical Criticism and the Bible*, Sheffield, Sheffield Academic Press, 2002, e as diversas obras de R. MEYNET, sobretudo *L'analisi retorica*, Brescia, Queriniana, 1992. Para uma bibliografia sobre o assunto, ver WATSON, D. F.; HAUSER, A. J., *Rhetorical Criticism*

O texto que devemos interpretar é o que nos foi transmitido pela sinagoga e pela Igreja, aquele que alimentou por séculos a vida espiritual dos fiéis. O que conta, enfim, não é a opinião de um hipotético javista acerca dos relatos patriarcais ou o que a fonte Q pensa da missão de Cristo. Temos o livro do Gênesis, temos os evangelhos, e o significado dos textos que tem valor para o mundo de hoje, em particular para os fiéis, é o do texto final, assim como foi transmitido e lido por séculos. O resto pode ser interessante, mas permanece um puro jogo acadêmico. Além disso, não importa saber quando um texto foi composto. O que importa é a composição em si mesma, não a sua data.

É impossível não reconhecer a validade de muitos argumentos adotados pelos criadores desta teoria literária. Por outro lado, nem todos os pressupostos da nova crítica resistem a um exame crítico[20]. Muito se discute hoje acerca da autonomia ou não da obra literária, da intenção do autor imanente ao texto ("intenção do texto") e, por conseguinte, acerca da autonomia relativa da crítica literária. Uma obra literária supõe sempre certa visão do mundo: pode refleti-la, pode servir-se dela, pode também traí-la ou contestá-la e tentar mudá-la. Em todo caso, existe um "re-

---

of the Bible: A Comprehensive Bibliography with Notes on History and Method, Leiden, Brill, 1994; para uma apresentação desta corrente, ver DOZEMAN, T. B., OT Rhetorical Criticism, in: FREEDMAN, D. N. (org.), *Anchor Bible Dictionary*, V, 712-715.

20 Para mais particulares, ver o meu artigo citado na nota 15. Para uma discussão, cf. também NATIONS, A. L., Historical Criticism and the Current Methodological Crisis, *Scottish Journal of Theology* 36 (1983) 59-71; STERNBERG, M., Source and Discourse, in: *The Poetics of Biblical Narrative. Ideological Literature and the Drama of Reading*, Bloomington, Indiana University Press, 1985, 7-23.

ferente", para falar a linguagem técnica da linguística, e é difícil abster-se dele na interpretação. Quanto à intenção do autor, não é algo que podemos encontrar em confidências, correspondências ou diários pessoais. Dos autores bíblicos não sabemos nada ou quase nada, exceto o que suas obras dizem. As suas intenções estão, portanto, incorporadas, caso se possa falar assim, em seus escritos[21]. Se fizerem parte dos textos, a exegese deve necessariamente levá-los em consideração. Caso contrário, será menosprezado um elemento-chave da interpretação, aquele que permite ver a "linha" do texto ou, para usar outra linguagem, a sua "tendência". Enfim, é verdade que a obra literária é até certo ponto "autônoma", mas tal autonomia é relativa[22]. A literatura é um dos muitos modos de transmitir uma experiência humana feita de elementos ligados à história, à cultura, à psicologia, à sociologia de um momento, de uma sociedade, de uma região, de um autor e do seu círculo de leitores. Que a obra literária deva ser tratada como obra literária, e não como documento histórico ou dossiê que deve servir ao diagnóstico de um psiquiatra, é algo bem claro e não exige muitas explicações. Por outro lado, é igualmente claro que pode haver em um texto literário elementos que devem ser explicados com a ajuda de disciplinas como a história, a psicologia, a antropologia cultural ou a sociologia. O que talvez exija alguma elucidação

---

21 Como diz, entre outros, M. STERNBERG, falamos apenas de "intenções incorporadas ou objetivadas", isto é, de intenções incorporadas nos próprios textos (*The Poetics of Biblical Narrative. Ideological Literature and the Drama of Reading*, 9).

22 Cf. BLUM, E., *Studien zur Komposition des Pentateuch*, Berlin – New York, de Gruyter, 1990, 380-382.

é o objetivo final da pesquisa, porque nem todos têm clareza acerca deste ponto. A exegese tem como primeiro escopo explicar o texto, isto é, torná-lo mais acessível ao leitor moderno[23]. Para atingir tal finalidade, a pesquisa pode utilizar todos os meios à sua disposição e dialogar com outros métodos. Se, no entanto, o escopo primário da pesquisa é outro, por exemplo, a elaboração de um discurso teológico ou dogmático, de um sistema de valores morais, de uma teoria sociológica ou histórica, ou de uma aplicação no mundo da psicologia, as coisas mudam, pois o significado do texto como tal não é mais o horizonte último da pesquisa. Diferentemente, este horizonte último passa a ser a "verdade" teológica, moral, sociológica etc. que se deseja ilustrar. Todos esses objetivos são realmente legítimos. É importante, no entanto, saber distinguir um do outro, e não afirmar rápido demais o monopólio ou a superioridade de uma abordagem sobre as outras.

Outra diferença essencial distingue o trabalho exegético como tal das outras "aproximações"[24]. A exegese visa

---

23 Cf. KAISER, O., Von Stand und Zukunft der alttestamentlichen Wissenschaft, in: SÆBØ, M. (org.), *Congress Volume Oslo 1998*, Leiden, Brill, 2000, 489-507.

24 O documento *A Interpretação da Bíblia na Igreja* distingue entre "métodos" e "abordagens": "Por 'método' exegético compreendemos um conjunto de procedimentos científicos colocados em ação para explicar os textos. Falamos de 'abordagem', quando se trata de uma pesquisa orientada segundo um ponto de vista particular" (p. 36, nota 1). Para comentários, cf. FITZMYER, J. A., *A Bíblia na Igreja*, São Paulo, Loyola, 1997, 18. [N. do T.: A edição original deste livro de FITZMYER, J. A., *The Biblical Commission's Document "The Interpretation of the Bible in the Church". Text and Commentary*, Roma, Pontificio Istituto Biblico, 1995, contém o texto integral do documento da Pontifícia Comissão Bíblica e o comentário de Fitzmyer. A edição brasileira, citada aqui, apresenta apenas o comentário].

interpretar o texto segundo a sua própria gramática, isto é, segundo as categorias inerentes ao próprio texto. É também possível interpretar um texto aplicando a ele esquemas que provêm de outras áreas como a sociologia, a psicologia, a filosofia, a dogmática e a moral. Neste último caso, a intenção da pesquisa é diferente, e os seus resultados serão igualmente diferentes. Do ponto de vista metodológico, trata-se de uma distinção importante, porque não se pode confundir o "sentido do texto" com as suas diversas aplicações.

Há uma diferença, por exemplo, entre estudar um texto literário e usá-lo como fonte de inspiração para um trecho musical, assim como há uma diferença entre definir a utilidade de uma enxada e dizer que ela pode ser transformada em uma espada (cf. Jl 4,10). Sem dúvida, o escopo primário da enxada não é ser utilizada como arma, ainda que seja possível fazê-lo em certas circunstâncias. É também possível utilizar uma enxada como ornamento em um restaurante em que se serve cozinha tradicional ou expô-la em um museu da vida rural. Não se pode, porém, definir a enxada como arma, ornamento ou descoberta arqueológica, e sim como instrumento utilizado para trabalhar o solo. A mesma diferença existe entre os diversos modos de ler e de utilizar os textos. A exegese, no sentido próprio da palavra, visa definir o objetivo primário dos textos, aquele pretendido por quem os escreveu e aquele inscrito na sua estrutura[25].

A diferença, porém, nem sempre é simples, pois alguns textos já foram reutilizados por redatores posterio-

---

25 Sobre isso, ver a distinção entre "*meaning*" e "*significance*" de HIRSCH, E. D., *Validity in Interpretation*, New Haven, Yale University Press, 1967; trad. it. *Teoria dell'interpretazione e critica letteraria*, Bologna, il Mulino, 1967.

res. Neste caso, a tarefa da exegese é distinguir entre intenção original e intenção(ões) secundária(s). As parábolas evangélicas, por exemplo, têm um significado diferente na pregação de Jesus, na vida da Igreja primitiva e nos evangelhos canônicos. O alcance de um oráculo profético muda quando é lido no seu contexto original (no que é possível reconstruí-lo) ou em uma coletânea de textos atribuídos a um profeta com o objetivo de demonstrar *a posteriori* a validade das suas opiniões[26].

Outro problema, muitas vezes discutido, mas raramente esclarecido, é o da relação entre estudos literários e estudos históricos, entre sincronia e diacronia. A obra literária é um monumento, dizem os que praticam a exegese sincrônica. E é verdade. Permanecendo fiéis a essa imagem, podemos acrescentar que o monumento pode ser apreciado quando se conhece o seu estilo, quando se sabe em qual época foi construído e por qual motivo. Às vezes, somente a sua história permite compreender a sua complexidade, especialmente quando se trata de um monumento que foi reutilizado ou construído em diversas épocas. O estilo helenístico não é o estilo normando, o estilo gótico não é o estilo barroco. Os cânones são diferentes e, para apreciar a obra de arte, é necessário saber alguma coisa destes cânones. A Bíblia é um monumento antigo, muito antigo, e o seu estilo é muito diferente do estilo das épocas mais recentes. Além disso, o monumento foi modificado, remanejado e refeito várias vezes. Texto e história do texto são agora inseparáveis, e não se pode visitar o monumento sem

---

[26] Ver um belo exemplo deste tipo de exegese em FOX, M. V., *The Redaction of the Books of Esther*, Atlanta (GA), Scholars Press, 1991, 142-154.

notar as cicatrizes da sua conturbada história. Por isso, há boas razões para afirmar que, nos estudos bíblicos, diacronia e sincronia são indissociáveis, uma vez que o monumento é, ao mesmo tempo, documento de uma história que faz parte da sua essência. Não se devem, portanto, opor estudos diacrônicos e estudos sincrônicos no que se refere a textos antigos, especialmente os textos bíblicos.

Acrescentemos um último elemento importante a propósito do diálogo entre métodos[27]. Os textos bíblicos, como afirmado, trazem na sua redação as marcas da sua gênese. Mas como descobrir esta gênese, a não ser percorrendo o texto uma primeira vez na sua redação atual, sem preconceitos acerca da sua gênese? Em exegese, como em outras ciências, existe um "espírito de sistema" que, na maioria das vezes, simplifica a tarefa do estudioso (ou do estudante...). É mais simples tentar demonstrar uma tese já conhecida ou teorias "que estão na moda", do que retomar o estudo desde o início e elaborar uma teoria que leve em conta somente os dados. A tentação permanente é refazer caminhos que outros já trilharam. Em todo caso, para evitar esta armadilha sempre presente nos estudos literários, é indispensável começar o trabalho com um estudo sincrônico do texto, antes de conjecturar qualquer teoria sobre a sua gênese[28]. Também a esse respeito, sincronia e diacronia

---

27 Cf. ALONSO SCHÖKEL, L., Of Methods and Models, in: *Congress Volume Salamanca 1983*, Leiden, Brill, 1984, 3-13.
28 São numerosos os estudiosos que, ao menos em teoria, preferem esta via metodológica. Ver, entre outros, THEOBALD, M., Der Primat der Synchronie vor der Diachronie als Grundaxiom der Literarkritik. Methodische Erwägungen an Hand von Mk 2,13-17/Mt 9,9-13, *Biblische Zeitschrift* 22 (1978) 161-186.

não são duas estradas paralelas e alternativas; ao contrário, a diacronia não pode descartar a sincronia se quiser atingir resultados suficientemente fundamentados.

Evento

Um último modo de ler a Bíblia nasceu também ele no mundo da crítica literária e é, em grande parte, filho da nova crítica. Simplificando ligeiramente as coisas, podemos dizer que, enquanto os estudos literários históricos se interessam especialmente pelo mundo do autor e os estudos estritamente literários privilegiam a obra, a terceira escola dá mais atenção ao papel imprescindível do leitor na elaboração do significado dos textos[29]. Para esta última escola, o texto não é um documento sobre o passado, a ser interpretado a partir do seu contexto histórico e do seu ambiente original. Não é nem mesmo um elemento objetivo, isolado e asséptico, a ser estudado como se estudam as moléculas em laboratório. O texto é vivo, mas a sua vida depende do leitor[30]. Para retomar uma imagem cara ao saudoso L. Alonso Schökel, o texto é uma partitura musical. A música existe, mas só se alguém a toca ou canta. A partitura é música "morta". A este propósito, tentou-se citar, com as devidas qualificações, a palavra de Paulo: "A letra mata, o espírito dá vida" (2Cor 3,6). O texto vive somente se o lei-

---

29 Cf. o subtítulo da obra de STERNBERG, M., *The Poetics of Biblical Narrative. Ideological Literature and the Drama of Reading* (ver nota 20).
30 Cf. a importante contribuição de ECO, U., *Lector in fabula*, São Paulo, Perspectiva, 1986, na qual o autor introduz a noção de "leitor modelo" (35-49); ver também, do mesmo autor, *Seis passeios pelos bosques da ficção*, São Paulo, Schwarcz, 1994.

tor o interpreta, vive no ato da leitura e da interpretação, porque o significado do texto surge exatamente neste momento[31]. O significado do texto não está "escondido" no texto, e a tarefa do leitor não é "descobrir" o que já está presente nele. A tarefa do leitor é muito criativa: deve construir o significado.

Sem dúvida, como se pode imaginar, existem formas extremas desta tendência, nas quais se nega toda forma de objetividade e se deixa uma liberdade quase total à imaginação do leitor[32]. Segundo uma reflexão maliciosa do crítico literário russo T. Todorov, a leitura se torna, neste caso, um piquenique no qual o autor leva as palavras, e os leitores o sentido[33]. Por ora, não quero entrar neste de-

---

[31] A escola que defende estas posições se chama *Reader-Response Criticism*. Sobre esta escola de crítica literária, ver DAVIS, T. F.; WOMACK, K., *Formalist Criticism and Reader-Response Theory*, New York, Palgrave, 2001; SULEIMAN, S.; CROSMAN, I. (orgs.), *The Reader and the Text: Essays on Audience and Interpretation*, Princeton, Princeton University Press, 1980; TOMPKINS, J. P. (org.), *Reader-Response Criticism: From Formalism to Post-Structuralism*, Baltimore, The Johns Hopkins University Press, 1980. O pioneiro deste método, porém, é o crítico literário alemão W. ISER. As suas obras principais são: *Der implizite Leser. Kommunikationsformen des Romans von Bunyan bis Beckett*, München, Fink, 1972; ²1979; trad. ingl.: *The Implied Reader: Patterns of Communication in Prose Fiction from Bunyan to Beckett*, Baltimore, The Johns Hopkins University Press, 1974; ²1975; paperback: 1978; e *O ato da leitura*. 2 vols. São Paulo, Edições 34, 1996; 1999. Sobre esta questão do "leitor", cf. o ensaio de FILLMORE, C., Ideal Readers and Real Readers, in: D. TANNEN, *Analyzing Discourse: Test and Talk*, Washington DC, Georgetown University Press, 1982, 248-270; trad. it.: *Lettori ideali e lettori reali*, Parma, Zara, 1987.

[32] Para uma apresentação crítica do método, especialmente no mundo da exegese, ver MCKNIGHT, E. V., *The Bible and the Reader: An Introduction to Literary Criticism*, Philadelphia, Fortress Press, 1985; ID., *Postmodern Use of the Bible: The Emergence of Reader-Oriented Criticism*, Nashville, Abingdon Press, 1988; VANHOOZER, K. J., *Is There a Meaning in this Text? The Bible, the Reader, and the Morality of Literary Knowledge*, Leicester, Apollos, 1998.

[33] TODOROV, T., Viaggio nella critica americana, *Lettera* 4 (1987) 12, citado por ECO, U., *Os limites da interpretação*, São Paulo, Perspectiva, 1995, 33. To-

bate³⁴. Contento-me somente em retomar a imagem da partitura musical, para sugerir uma possível via de solução do problema. Existem evidentemente mil possibilidades de interpretar uma partitura musical. Alguns o fazem de modo servil, impessoal e mecânico. Não erram uma única nota na interpretação, mas destroem a música porque não conseguem acrescentar aquele elemento de inspiração pessoal que é indispensável para dar vida à partitura. Por outro lado, a partitura contém indicações precisas que o intérprete deve observar na sua execução: toca ou canta aquele trecho e nenhum outro. Não há muito espaço para o improviso e, se houver espaço, está indicado. Não compete ao intérprete escolher onde e quando improvisar. O bom intérprete sabe ser pessoal, mas sabe também respeitar a partitura. Enfim, se a personalidade do intérprete é violenta demais, ele deixa de ser fiel ao seu papel de intérprete e corre o risco de sobrepor-se à obra³⁵. Quanto a isso, U. Eco distingue entre "interpretação" e "uso" de um texto. A interpretação visa explicar o texto conforme a própria intenção que corresponde, em geral, à intenção do autor ou dos autores. Diferentemente, o intérprete usa o texto quando se "se serve" dele para construir uma teoria própria. U. Eco escolhe este exemplo:

> Proust podia ler o horário dos trens reencontrando nos nomes dos lugarejos do Valois doces e labirínticos ecos

---

dorov, por sua vez, cita uma observação bastante irônica de Lichtenberg a respeito de Böhme.

34 Para uma discussão e confutação destas posições extremas, ver ECO, U., *A falsificação das más interpretações*, in: *Os limites da interpretação*, São Paulo, Perspectiva, 1995, 16-18.

35 Ver ECO, *Lector in fabula*, 43-44; Id., *Os limites da interpretação*, 14-16.18-19.

da viagem nervaliana em busca de Sílvia. Mas não se tratava de interpretação do horário, mas sim de um uso legítimo e quase psicodélico deste. Por sua vez, o horário prevê um único tipo de Leitor-Modelo, um operador cartesiano ortogonal com um senso vigilante da irreversibilidade das sucessões temporais[36].

No evangelho, para tomar um exemplo bíblico, a parábola das dez virgens, também chamada de "parábola das virgens prudentes e das virgens insensatas" (Mt 25,1-12), insiste no dever de estar pronto quando chega o esposo (cf. 25,7.10): esta seria uma "interpretação" da parábola. A conclusão, acrescentada pelo evangelista, "Vigiai, portanto, porque não sabeis o dia nem a hora" (25,13), é um típico "uso" da parábola em outro contexto: ela serve agora para exortar os cristãos à *vigilância* porque não sabem quando chegará o fim dos tempos e quando o Cristo retornará na sua glória (cf. 24,3). A diferença entre interpretação e uso é clara: a parábola como tal não exorta à vigilância, porque todas as moças adormecem (25,5). No mundo da exegese, para retornar ao nosso assunto, é necessário distinguir entre interpretar o texto segundo as suas próprias coordenadas e, diferentemente, usá-lo para reconstruir uma história de Israel, para confirmar uma tese teológica, para descrever o funcionamento das suas instituições etc.

Para retornar à hermenêutica bíblica em geral, as posições extremas são dificilmente defensáveis, porque parecem implicar que não seja mais necessário ler o texto para poder interpretá-lo. Ninguém chega a esta posição insus-

---

36 ECO, *Lector in fabula*, 44.

tentável, mas é o perigo que correm algumas teorias pouco equilibradas. Um crítico literário bem consciente deste perigo é U. Eco, que, especialmente no seu livro *Os limites da interpretação*, elenca alguns pontos firmes de uma leitura ponderada e razoável dos textos[37]. Nos próximos parágrafos, retomo algumas destas ideias, que desenvolvo livremente para poder aplicá-las à exegese bíblica.

U. Eco insiste, em primeiro lugar, no "sentido do texto" ou "intenção da obra" (*sensus operis*), isto é, o sentido que o autor quer dar ao texto e que pode ser captado graças aos elementos espalhados no texto[38]. Reencontramos a famosa "intenção do autor" (*intentio auctoris*), com uma importante correção: esta intenção é interna ao texto e não pode ser definida a partir de elementos externos ou estranhos a ele[39].

Em segundo lugar, a interpretação deve estar baseada em elementos objetivos que fazem parte do texto[40]. Em outras palavras, o intérprete deve apresentar os seus argumentos para permitir ao leitor julgar a validade daquilo que afirma. Uma teoria literária sem argumentos é como uma casa sem fundamentos. Pode ser muito bonita, mas não aguenta o primeiro terremoto ou a primeira tempestade. Apresentar as próprias razões abre também ao diálogo com outros pesquisadores. Não apresentar as próprias razões, ao contrário, significa deixar aos interlocutores so-

---

37 Ver também Eco, U.; Rorty, R.; Culler, J.; Brooke-Rose, C., *Interpretation and Overinterpretation*, Cambridge (MA), Cambridge University Press, 1992.
38 Eco, *Os limites da interpretação*, 6-9.9-11.84-87.
39 Sobre a distinção entre *intentio auctoris*, *intentio operis* e *intentio lectoris*, ver Eco, *Os limites da interpretação*, 6-9.
40 Eco, *Os limites da interpretação*, 14-15.15-16.84-87.

mente duas possibilidades: ou concordar, aprovar e admirar, ou discordar, desaprovar e rejeitar.

Do estudo de U. Eco podemos tirar um terceiro critério, o da economia[41]: a melhor interpretação é aquela que consegue explicar os dados do texto do modo mais simples. Este critério nem sempre é fácil de aplicar, porque textos complexos não podem ser explicados de modo simplificado. Vale, porém, o critério como tal. Em palavras simples, podemos enunciá-lo do seguinte modo: "Simplificar (ou esclarecer) o que é complicado e não complicar o que é simples". A fórmula é semelhante à famosa navalha de Occam, segundo a qual entre duas interpretações deve-se preferir a mais simples. Neste contexto, poderíamos também evocar o provérbio inglês "*Clarity, charity*" (que em português poderia ser traduzido por "Claridade, caridade").

Das reflexões de U. Eco, tiro um quarto critério, muito semelhante ao terceiro: o critério da utilidade. Uma explicação vale mais quando permite compreender melhor o texto. Uma explicação pode ser brilhante, caprichada e até mesmo genial, mas, se não serve para esclarecer o "funcionamento" do texto, é literalmente "inútil"[42]. A erudição em si é útil; porém, dizer muitas coisas sobre um texto não significa ainda explicá-lo. "Conhecer todos os dados sobre um texto não é o mesmo que compreender o texto", como cos-

---

41   ECO, *Os limites da interpretação*, 77-98.
42   ECO, *Os limites da interpretação*, 77-80.87-95; cf. por exemplo o que Eco diz na p. 93: "Seria preferível perguntarmo-nos se a associação faz sentido"; ver também as reflexões sobre a utilidade das isotopias e das metáforas, p. 80, bem como esta nota: "A hipótese de que Molly Bloom seja uma alegoria de Joana d'Arc não ajuda a encontrar algo de interessante no *Ulisses* [de James Joyce]" (p. 90).

tumava dizer L. Alonso Schökel. Esta diferença é simples, ainda que não seja sempre respeitada pelos estudiosos.

Em outros estudos, U. Eco menciona um último critério: a opinião dos especialistas na matéria[43]. Trata-se de um critério difícil de avaliar, porque a "verdade", sem dúvida, nem sempre é um problema de maioria, e o argumento de "autoridade" não tem valor na exegese nem na crítica literária. O critério conserva alguma validade, não obstante estas reservas. A opinião dos especialistas que adquiriram certa fama, porque consagraram tempo e energia ao estudo de alguns assuntos, merece mais consideração do que trabalhos feitos por pessoas menos competentes ou menos aparelhadas para encarar certos campos de pesquisa. Na prática, a *opinio communis* não é um critério de verdade ou de validade na interpretação dos textos; todavia, é importante discuti-la, porque dialogar com grandes especialistas e discutir seus argumentos é um dos melhores modos para tomar conhecimento de um assunto e para aguçar o próprio intelecto.

Em resumo, dizer que o texto existe no ato da sua leitura é um modo novo e frutuoso de definir a interpretação em geral e a exegese bíblica em particular. Existem, porém, parâmetros importantes para não cair nas armadilhas de um discurso hermético ou simplesmente subjetivo demais para ser partilhado.

---

[43] Ver ECO; RORTY; CULLER; BROOKE-ROSE, *Interpretation and Overinterpretation*, 148-151 ("o consenso de uma comunidade").

2

Espelhos,
lâmpadas
e janelas

em dúvida, há muitos modos diferentes de classificar a imensa gama de métodos literários. Um deles, que se sobrepõe só parcialmente ao que acabamos de citar, utiliza imagens regularmente usadas pelos críticos para ilustrar seus próprios métodos. Três imagens – o espelho, a lâmpada e a janela[1]– são mais frequentes e servirão não exatamente para classificar as diversas escolas de exegese, mas para definir três direções principais da hermenêutica, desde a antiguidade até hoje.

O espelho

Platão utiliza a imagem do espelho para falar da arte, e esta imagem predomina no mundo dos estudos literários até a época romântica. Platão a usa na *República* para situar a arte entre as atividades do espírito[2]. No alto da escala da realidade, o filósofo coloca, evidentemente, as ideias puras da sua filosofia. No plano inferior, encontramos a realidade sensível. Enfim, diz Platão, encontramos um terceiro tipo de realidade, que não é exatamente "realidade", porque é apenas imitação de uma realidade sensível: a arte, que, se-

---

1   As imagens do espelho e da lâmpada provêm do título de um célebre ensaio de ABRAMS, M. H., *The Mirror and the Lamp. Romantic Theory and the Critical Tradition*, London – Oxford – New York, Oxford University Press, 1953; 1971, que, por sua vez o toma de uma frase do poeta irlandês William Butler Yeats: "*It must go further still: that soul must become its own betrayer, its own deliverer, the one activity, the mirror turn lamp*" [Deve ir ainda mais longe: essa alma deve tornar-se seu próprio traidor, seu próprio libertador, a única função, que o espelho se torne lâmpada]. O termo "janela" é mais recente, como veremos a seguir.

2   PLATÃO, *República*, X, 596. Cf. ABRAMS, *The Mirror and the Lamp. Romantic Theory and the Critical Tradition*, 30-31; Ver também ECO, U., *Sobre os espelhos e outros ensaios*, Rio de Janeiro, Nova Fronteira, 1989, 11-37.

gundo o filósofo, efetivamente se contenta em "imitar" a realidade ou em refleti-la como em um espelho[3]. Isso vale para a pintura, a escultura, o teatro e toda a literatura. Sem dúvida, Platão não tem grande estima pela arte e, por isso, a coloca no degrau inferior da sua escala ontológica.

A imagem do espelho fará muito sucesso, ainda que amplamente libertada das nuanças negativas com as quais Platão a tinha revestido[4]. A definição da arte como espelho insiste, em geral, no caráter "realístico" da representação; esta, portanto, define-se primariamente em relação à realidade ou, para usar a linguagem de Platão e do seu discípulo Aristóteles, é *imitação* da realidade[5]. Por isso, no mundo clássico, que se liga à antiguidade grega e latina, fala-se de fidelidade à realidade, de verossimilhança, de realismo, de naturalismo, como se falará mais tarde de "verismo"... Muitas são as escolas, infinitas são as nuanças, porém o ponto de referência permanece sempre a realidade, isto é, o mundo externo ou, para usar o vocabulário da linguística moderna, o "referente"[6].

No mundo da exegese bíblica, o "realismo" prevaleceu por séculos. Na época patrística, por exemplo, Santo Agostinho lia a Bíblia para encontrar nos "sinais" (*signa*), isto é, nas

---

[3] ABRAMS, *The Mirror and the Lamp. Romantic Theory and the Critical Tradition*, 8-9; cf. PLATÃO, *República* 596-597; *Leis* II, 667- 668; VII, 814-816.

[4] Cf. esta frase do grande crítico literário inglês S. Johnson: "*This therefore is the praise of Shakespeare, that his drama is the mirror of life*" [Este, portanto, é o louvor a Shakespeare: seu teatro é o espelho da vida] (citado por ABRAMS, *The Mirror and the Lamp. Romantic Theory and the Critical Tradition*, 30).

[5] ARISTÓTELES, *Poética* 1.1447a, 1448a. Cf. ABRAMS, *The Mirror and the Lamp. Romantic Theory and the Critical Tradition*, 9-10.

[6] ABRAMS, *The Mirror and the Lamp. Romantic Theory and the Critical Tradition*, 31-46.

palavras da Escritura, a única realidade (*res*) que tem valor absoluto neste mundo: a Trindade. Ele, portanto, partia dos sinais do mundo sensível em direção à *realidade* invisível, segundo um itinerário tipicamente platônico. A exegese era, portanto, claramente teológica na sua intencionalidade[7].

Uma primeira revolução tem início no final da Idade Média e sobretudo durante o Renascimento. Insiste-se mais no "sentido literal" e fala-se sempre mais frequentemente do sentido humano e racional dos textos. No final Idade Média, por exemplo, a exegese fala menos de Deus do que da vida cristã[8].

O Iluminismo levará esta tendência à sua realização. O texto não reflete mais a face de Deus, e sim a história do povo de Israel ou a história da Igreja primitiva. Não temos mais acesso direto às realidades sobrenaturais, não temos nem mesmo acesso direto à realidade histórica que se esconde por trás dos relatos; temos somente acesso direto ao mundo dos autores bíblicos[9]. Para tomar um simples exemplo, uma frase muito comum no Antigo Testamento como "Deus disse" não permite ao leitor afirmar que

---

7   AGOSTINHO, *De Doctrina Christiana* 1,1-6; ver SKA, *Introdução à leitura do Pentateuco*, 112.

8   Inicia na Espanha com a exegese de Abraham Ibn Ezra. Cf. SKA, *Introdução à leitura do Pentateuco*, 113-114; sobre Ibn Ezra, ver o estudo recente de LANCASTER, I., *Deconstructing the Bible. Abraham ibn Ezra's Introduction to the Torah*, London, Routledge, 2003; SIMON, U., Abraham ibn Ezra, in: SÆBØ (org.), *Hebrew Bible, Old Testament. The History of Its Interpretation 1.2*, 377-387.

9   Ver, por exemplo, o que diz a propósito dos patriarcas WELLHAUSEN, J., *Prolegomena zur Geschichte Israels*, Berlin, Reimer, 1899; ⁶1905, 315: "Não sabemos nada sobre a historicidade dos patriarcas, mas somente sobre o período da história de Israel no qual os relatos patriarcais nasceram" (tradução minha). A propósito da influência do iluminismo sobre a exegese bíblica, ver SKA, *Introdução à leitura do Pentateuco*, 119-120.

as palavras transcritas sejam palavras de Deus, transmitidas diretamente por um escritor aos seus destinatários. Trata-se mais de um "gênero literário". Seria necessário traduzir esta frase assim: "O autor desta expressão afirma que as palavras seguintes são consideradas chanceladas pela autoridade divina, a autoridade suprema na sua cultura". Esta inversão no modo de olhar no espelho criou confusões e controvérsias ferozes no interior das diversas confissões cristãs e também entre elas[10]. Todavia, do ponto de vista estritamente teológico, é necessário admitir que este modo de ver as coisas está em harmonia com a ideia de encarnação, que implica necessariamente a de mediação. Neste caso preciso, a mediação é a da linguagem humana.

A metáfora do espelho, para retornar ao nosso assunto, pode servir para caracterizar a exegese patrística, a medieval ou a do Renascimento, e é também possível aplicá-la à exegese histórico-crítica. Nós a encontramos até mesmo no mundo dos estudos literários inspirados pela nova crítica: estes consideram os textos não como "janelas" que dão acesso a um mundo diferente, como, por exemplo, o universo da história ou o da doutrina, e sim como "espelhos" que refletem apenas o próprio conteúdo porque o significado do texto encontra-se fechado em si mesmo. O intérprete deve, portanto, buscar o significado de um texto nos elementos que o compõem, e não tentar descobrir um mundo fora do texto. Em outras palavras, a obra literária é o objetivo da interpretação, não o meio utilizado para atingir outra meta.

10   No mundo literário assistimos a uma revolução semelhante. Ver, por exemplo, a seguinte frase de Oscar Wilde citada por ABRAMS, *The Mirror and the Lamp. Romantic Theory and the Critical Tradition*, 32: "É o expectador, não a vida, o que a arte realmente espelha".

O texto é, portanto, um espelho, no sentido de que ele reflete um mundo literário ou teológico que se constrói diante do leitor e no qual este é convidado a entrar[11]. Já falamos deste modo de ler a Bíblia na seção intitulada *Monumento*.

A imagem do espelho é também onipresente nas leituras "ingênuas" e "populares" da Bíblia. Quase inconscientemente, muitos leem a Bíblia com a convicção de que nela se encontra uma reprodução exata da realidade representada. Leem a Bíblia como assistem à televisão e creem que tudo o que é contado aconteceu exatamente como é descrito nos textos bíblicos. Quando, ao contrário, os exegetas afirmam que os textos nos informam menos sobre o "mundo do texto" do que sobre o dos autores, muitos se revoltam.

Para tomar um exemplo, o relato da passagem do mar (Ex 14) não visa descrever acuradamente como o povo de Israel saiu do Egito sob a liderança de Moisés e fugiu de uma tentativa de cerco do exército egípcio. Diferentemente, para a exegese crítica, a intenção do texto é transmitir uma mensagem de fé em um Deus que faz o seu povo passar da escravidão à liberdade. Esta mensagem de fé é proposta em forma narrativa, e não em um tratado teológico. O leitor é, portanto, convidado a olhar bem o "espelho" e a interpretar o mundo de imagens que passa diante de seus olhos.

---

11 Cf. CULPEPPER, R. A., *The Anatomy of the Fourth Gospel*, Philadelphia, Fortress Press, 1983, 3-4; BROWN, R. E.; SCHNEIDERS, S. M., Hermenêutica, in: BROWN, R. E.; FITZMYER, J. A.; MURPHY, R. E. (orgs.), *Novo Comentário Bíblico São Jerônimo. v. 2: Novo Testamento e artigos sistemáticos*. Santo André – São Paulo, Academia Cristã – Paulus, 2011, 1148. Cf. também o texto da PONTIFÍCIA COMISSÃO BÍBLICA, *A interpretação da Bíblia na Igreja*, São Paulo, Paulinas, 1993, 52, e o comentário em FITZMYER, *A Bíblia na Igreja*, 44. A imagem da janela é mencionada também na p. 38.

Deve perceber que o relato não pretende ser um relatório jornalístico nem historiográfico de um evento do passado. As imagens, ao contrário, veiculam um significado "teológico" e transmitem a experiência de fé daqueles que compuseram e transmitiram por gerações tal relato[12].

Em conclusão, deve-se dizer que a imagem do espelho é útil até certo ponto para descrever a leitura e a interpretação dos textos bíblicos. Permanecem algumas reservas, porque não se pode descartar um esforço de discernimento diante das imagens refletidas nos textos. É necessário saber olhar e "ler" o que o espelho reflete, pois as imagens podem estar deformadas.

A lâmpada e a fonte

A idade romântica, que rompe com a hermenêutica clássica, traduz a sua metodologia em uma série de novas imagens[13]. A metáfora do espelho desaparece para deixar lugar à metáfora da lâmpada ou da fonte. A escolha equivale a uma inversão de cento e oitenta graus do interesse clássico pela obra para o interesse quase exclusivo pelo autor. Como visto anteriormente, a crítica literária clássica julgava uma obra literária segundo o modo como esta repro-

---

12 Ver SKA, J.-L., *A palavra de Deus nas narrativas dos homens*, São Paulo, Loyola, 2005, 47-49; FINKELSTEIN, I.; SILBERMAN, N. A., *A Bíblia desenterrada*, Petrópolis, Vozes, 2018, 69-70.
13 ABRAMS, *The Mirror and the Lamp. Romantic Theory and the Critical Tradition*, 47-69; PUNTER, D., Romanticism, in: COYLE, M. (org.), *Encyclopedia of Literature and Criticism*, London, Routledge, 1991, 106-118, especialmente 107; BUTLER, M., *Romantics, Rebels and Reactionaries: English Literature and its Background 1760-1830*, Oxford, Oxford University Press, 1981.

duz a realidade. O autor era idealmente um "servo fiel" da realidade e, na mesma medida, um minucioso observador das regras da escrita. Naturalmente, a visão clássica da literatura predomina em todos os manuais de *ars poetica* da antiguidade, do renascimento e do "classicismo".

A época romântica, por sua vez, é marcada por um forte desejo de liberdade, nascido nos movimentos revolucionários ingleses de 1699, estadunidenses de 1776 e franceses de 1789, e no "radicalismo" inglês de em torno de 1800. A "realidade" não é mais estática como no *Ancien Régime*, não existe mais uma "monarquia de direito divino", um "poder absoluto" ao qual a população obrigatoriamente deve submeter-se. Desaparece o espírito de submissão, e nasce o espírito liberal de transformação e de progresso. Com este, surge também a exaltação de certa forma de individualismo, que caracteriza as fortes personalidades capazes de se impor e de impor a sua vontade no curso dos eventos. Agora são alguns indivíduos enérgicos, geralmente burgueses, os que mudam a história, e não mais os soberanos ou os membros da aristocracia. Não é mais o nascimento que determina o poder ou o gênio, e sim as capacidades pessoais. Ainda que seja muito difícil definir um movimento muito variegado e libertário como o romantismo, podemos, todavia, dizer que ele prefere a sensibilidade e a emotividade à razão, a liberdade aos rigorosos cânones literários e a "natureza" a uma cultura demasiado mesquinha e reservada a uma elite.

A estes elementos políticos, podemos acrescentar os efeitos do nascimento de uma sociedade urbanizada e industrial, na qual aparecem novas formas de trabalho e de relações sociais. O gosto pelo individualismo e a saudade do "campo" e da vida "pastoril" podem em grande parte ser explicados como reação a uma vida caracterizada sempre mais pelas grandes concentrações urbanas, pela progressiva transformação dos campos e pelo êxodo para as cidades[14].

Outras particularidades do movimento romântico devem ser conectadas à rejeição de tudo o que a idade clássica tinha "adorado". Por exemplo, do renascimento em diante, os modelos literários eram os da literatura grega e latina, e a época de referência era a antiguidade. Como na antiguidade, insistia-se muito na distinção entre estilo sublime e estilo comum. O interesse pelo povo e pela literatura popular era muito limitado. Quase todos os personagens do teatro clássico são membros da aristocracia. Para os românticos, ao contrário, os verdadeiros modelos são preferivelmente os medievais, ou mesmo vai-se em busca das raízes não romanas da própria cultura[15]. É característica do romantismo, por exemplo, a exaltação da cultura celta no mundo anglo-saxão[16]. Paralelamente, nasce

---

14 PUNTER, Romanticism, 107.
15 Cf., por exemplo, *Notre-Dame de Paris* (1831) de V. Hugo na França. Na Alemanha, as obras são muitas. Assinalamos, por exemplo, *Die Jungfrau von Orleans* (1800) e *Wilhelm Tell* (1803), duas tragédias de Friedrich Schiller. Em inglês são célebres os romances históricos de W. Scott (1771-1832). A. Manzoni prefere um período mais tardio para ambientar *I promessi sposi* (1825), mas a tendência é a mesma: não estamos mais na antiguidade clássica.
16 Cf. os famosos *Poemas de Ossian*, escritos pelo poeta escocês J. Macpherson (1760). O título original em inglês é *Fragments of Ancient Poetry Collected in the Highlands of Scotland and Translated from the Gaelic or Erse Language*. Ossin, ou Ossian, seria o filho de um bardo e lendário guerreiro celta da antiga Escócia, Fingal, que viveu no século III d.C. Macpherson compõe os poemas ossiânicos baseando-se em antigas tradições orais escocesas. Os seus poemas exerceram uma enorme influência na literatura europeia.

um forte amor pela natureza e um interesse pelo folclore, pelas sociedades primitivas, pelo mundo rural, pelo povo do campo, bem como pela população operária das cidades[17]. Como prova, basta comparar o teatro clássico ao romântico, ou a música barroca à romântica. Mozart escreve música para os príncipes da Igreja ou para as cortes reais. Beethoven começa a escrever uma música para o povo – na verdade, para a burguesia.

O movimento romântico deve ser situado neste contexto político e cultural, que também permite captar melhor o seu espírito. Por exemplo, é natural para os românticos afirmar que uma obra literária não mais reflete a realidade, e sim o gênio do seu idealizador, gênio comparado a uma "lâmpada" ou a uma "fonte". A obra literária não é mais uma reprodução "servil" da realidade; ao contrário, é a criação artística de uma realidade nova. Daí nasce o interesse pelas "grandes personalidades", pelos "gênios literários", pelas "fontes de inspiração" e pela "imaginação criativa"[18].

O interesse pela "fonte" da inspiração teve como consequência normal uma revalorização das origens, dos tempos em que reinava uma simplicidade sem regras fixas e rígidas, da idade de ouro da humanidade. Como dito anteriormente, os românticos preferem a idade média porque esta representa para eles um retorno a uma vida mais

---

17 O mundo romântico é também aquele das *sinfonias pastorais*, dos paisagistas e do interesse pelas sociedades primitivas. *Les Misérables*, de V. Hugo (1862), ao contrário, põe em cena alguns personagens populares da "ralé" de Paris, como, por exemplo, Jean Valjean. O contexto é a cidade de Paris na primeira metade do século XIX.

18 ABRAMS, *The Mirror and the Lamp. Romantic Theory and the Critical Tradition*, 21-26.

simples – mais "caótica" e criativa – após a era clássica e ordenada do império romano. Glorificam também "o homem primitivo", o famoso "bom selvagem" de J.-J. Rousseau[19]. O romântico necessita de um contato com uma realidade incontaminada, "primordial", com um mundo talvez ainda caótico, selvagem e violento, mas rico de potencialidades não ainda realizadas. Ele quer reencontrar um mundo que nasce, se transforma, se elabora e dá a si mesmo as próprias formas de vida, porque vive em um mundo que, de certo modo, provocou o caos revolucionário para criar uma nova ordem. Um mundo morreu e outro nasceu. A literatura e a arte participaram deste processo de morte e renascimento. Não é por acaso que, na Itália, fala-se de *"risorgimento"*.

A influência do romantismo na exegese bíblica foi muito forte, e até hoje se encontram suas marcas. O autor que mais impactou os estudos bíblicos é o filósofo, teólogo e escritor alemão J. G. Herder (1744-1803)[20]. Os elementos da sua exegese que mais incidiram sobre os biblistas do seu tempo são: a insistência na superioridade da sensibilidade

---

[19] J.-J. Rousseau (1712-1778) desenvolve estas ideias em particular em *Júlia ou a nova Heloísa* (1761).

[20] Sobre este autor, ver, entre outros, WILLI, T., *Herders Beitrag zum Verstehen des Alten Testaments*, Tübingen, Mohr-Siebeck, 1971; KRAUS, H.-J., Herders alttestamentliche Forschungen, in: MALTUSCH, J. G. (org.), *Bückeburger Gespräche über J. G. Herder 1971*, Bückeburg, Grimme, 1973, 59-75; BAILDAM, J. D., *Paradisal Love: Johann Gottfried Herder and Song of Songs*, Sheffield, Sheffield Academic Press, 1999; BULTMANN, C., *Die biblische Urgeschichte in der Aufklärung: Johann Gottfried Herders Interpretation der Genesis als Antwort auf die Religionskritik David Humes*, Tübingen, Mohr-Siebeck, 1999. Ver também ABRAMS, *The Mirror and the Lamp. Romantic Theory and the Critical Tradition*, 82; 204-205 e *passim*; REVENTLOW, H., *Epochen der Bibelauslegung, 4: Von der Aufklärung bis zum 20. Jahrhundert*, München, Beck, 2001, 189-200.

(*Einfühlung*) sobre o intelecto para compreender os textos bíblicos, a afirmação de que a poesia é a primeira língua da humanidade, a convicção de que a natureza revela Deus, uma metodologia que faz da antropologia uma via régia para o acesso à Escritura – Herder repete muitas vezes que é necessário compreender a Bíblia "humanamente", isto é, como expressão do espírito humano –; enfim, devemos a ele o primeiro ensaio moderno sobre a poesia hebraica que não seja uma aplicação dos cânones da poesia clássica greco-romana, como é, por exemplo, o caso nos estudos do bispo anglicano R. Lowth[21].

Herder, porém, não estava sozinho, pois, em seu tempo, muitas ideias estavam no ar. O forte interesse dos exegetas pela "idade de ouro" da história de Israel ou da Igreja primitiva, por exemplo, deriva diretamente das ideias românticas e do interesse do romantismo pelas "origens". Isto vale, particularmente, para uma ideia encontrada até hoje no mundo dos biblistas: a do ideal nômade de Israel[22]. A permanência de Israel no deserto era vista como uma época ideal na história do povo eleito, como um exemplo de vida saudável e simples em condições precárias, mas em

---

21 O ensaio de Herder intitula-se *Vom Geist der Ebräischen Poesie* (1782-1783). R. Lowth é o "descobridor" do paralelismo na poesia bíblica.

22 Sobre o ideal nômade de Israel, ver BUDDE, K., Das nomadische Ideal im Alten Testament, *Preußische Jahrbücher* 85 (1896) 57-79; FLIGHT, J. V., The Nomadic Idea and Ideal, *Journal of Biblical Literature* 42 (1923) 158-226; SEALE, M. S., *The Desert Bible. Nomadic Tribal Culture and Old Testament Interpretation*, London, Weidenfeld & Nicolson, 1974; VAUX, R. de, *As instituições do Antigo Testamento*, São Paulo, Teológica – Paulus, 2003, 21-37; para uma crítica desta visão idealista, ver TALMON, S., The "Desert Motif" in the Bible and in Qumran Literature, in: ALTMANN, A. (org.), *Biblical Motifs: Origins and Transformations*, Cambridge (MA) – London, Harvard University Press, 1966, 31-63.

contato com Deus e com a natureza. Alguns textos foram muitas vezes citados e interpretados como expressões deste "ideal" romântico. Por exemplo, Jeremias 2,2-3[23]:

> Assim fala YHWH: Eu te lembro teu devotamento do tempo de tua juventude, o teu amor de recém-casada; tu me seguias no deserto, por uma terra não cultivada. Israel era santo, reservado a YHWH, primícias a ele destinadas: quem delas comia devia expiar; a desgraça ia-lhe ao encontro – oráculo de YHWH.

Outro texto que ilustrava este ideal é Oseias 2,16-18:

> Pois então eu [YHWH] vou seduzi-la. Eu a levarei ao deserto e falar-lhe-ei ao coração. E, de lá, eu lhe restituirei as suas vinhas e farei do vale de Akor uma porta de esperança; lá ela responderá como no tempo da sua juventude, como nos dias em que subiu da terra do Egito. Acontecerá naquele dia – oráculo de YHWH – que tu me chamarás "Meu marido" e já não me chamarás mais "Meu Baal!".

A exegese, influenciada mais ou menos conscientemente pelo romantismo, encontrou nestes textos e em outros semelhantes uma prova a favor da sua tese, isto é, de que a idade de ouro para o povo de Israel foi o período da permanência no deserto.

Para outros, ao contrário, este período ideal é a época patriarcal, ou ainda o tempo dos juízes, ou mesmo o de Davi. Entre as fontes do Pentateuco, com certeza se dá preferência ao javista, mais espontâneo e mais vivaz, por-

---

23 As traduções são tiradas da Bíblia – *Tradução Ecumênica*, São Paulo: Loyola, 2011, com ligeiras modificações.

que mais antigo e mais próximo às "origens"[24]. Nos estudos sobre os profetas, busca-se com ânsia identificar os oráculos "originais" e separá-los dos acréscimos secundários dos redatores[25].

Outra ideia tipicamente "romântica" encontra-se nos estudos de J. Wellhausen (1844-1918), que descreve o desenvolvimento do culto em Israel como uma progressiva *desnaturação* (*Denaturierung*). Segundo Wellhausen, no início celebravam-se eventos da vida comum, por exemplo, a colheita ou a vindima, o matrimônio ou o luto, e a liturgia acontecia nos santuários locais. Progressivamente, perdeu-se o estreito contato com a "natureza" para introduzir um calendário fixo e obrigar a celebrar as festas no único templo de Jerusalém. O último passo rumo à *desnaturação* foi a introdução de festas com conteúdo abstrato como o "dia da expiação" (*Yom Kippur*; cf. Levítico 16)[26]. Wellhausen julga o desenvolvimento do culto com critérios românticos como a espontaneidade, a simplicidade e o contato com a "natureza" incontaminada. A abstração e as regras fixas, ao contrário, são vistas como sintomas de decadência cultural.

---

24 Sobre isto, cf. o nosso ensaio The Yahwist, a Hero with a Thousand Faces. A Chapter in the History of Modern Exegesis, in: GERTZ, J. C.; SCHMID, K.; WITTE, M. (orgs.), *Abschied vom Jahwisten. Die Komposition des Hexateuch in der jüngsten Diskussion*, Berlin – New York, de Gruyter, 2002, 1-23.

25 Será, por exemplo, uma característica da exegese de B. Duhm. Sobre este autor, ver REVENTLOW, *Epochen der Bibelauslegung*, 316-324, com bibliografia (420-412). Cf. por exemplo DUHM, B., *Das Buch Jesaja*, Freiburg Schweitz – Göttingen, Universitätsverlag – Vandenbroeck & Ruprecht, 1892; ²1922; ID., *Das Buch Jeremia*, Tübingen – Leipzig, Mohr, 1901; ID., *Israels Propheten*, Tübingen, Mohr, 1916; ²1922.

26 WELLHAUSEN, *Prolegomena zur Geschichte Israels*, 105-107.

A ideia de um "pequeno credo histórico" que se encontra na origem das tradições históricas de Israel e que forma o núcleo primitivo do Pentateuco, ideia cara a G. von Rad (1901-1971), é outra manifestação, entre tantas outras, do espírito romântico que animava a exegese na primeira metade do século XX[27]. Por outro lado, o *javista* de G. von Rad é um belo exemplo de "grande personalidade" e de gênio criativo que corresponde aos cânones românticos do escritor inspirado.

H. Gunkel (1862-1932), criador da *Formgeschichte* e "mentor" de G. von Rad, é outro famoso representante do romantismo no mundo bíblico. Os vínculos de Gunkel com Herder são conhecidos, e é inútil insistir[28]. É mais interessante mencionar alguns aspectos da sua pesquisa que são menos frequentemente ligados ao espírito romântico. Penso sobretudo no seu acentuado interesse pela literatura e pela poesia popular (*Volksdichtung*), pelo folclore e pela tradição oral, pelas formas mais antigas da narração e da poesia bíblicas. Neste contexto, vale a pena mencionar um particular pouco conhecido sobre a famosa expressão técnica cunhada por Gunkel, o *Sitz-im-Leben*. Na verdade, Gunkel

---

27 Na sua obra "Das formgeschichtliche Problem des Hexateuch", Stuttgart, Kohlhammer, 1938, München, Kaiser, 1958, 9-86; trad. ingl. The Form-Critical Problem of the Hexateuch, in: *The Form-Critical Problem of the Hexateuch and Other Essays*, New York, McGraw-Hill, 1966, 1-78.

28 Sobre H. Gunkel, ver KLATT, W., *H. Gunkel. Zu seiner Theologie der Religionsgeschichte und zur Entstehung der formgeschichtliche Methode*, Freiburg Schweitz – Göttingen, Universitätsverlag – Vandenbroeck & Ruprecht, 1969; GIBERT, P., *Une théorie de la légende: Hermann Gunkel (1862-1932) et les légendes de la Bible*, Paris, Flammarion, 1979; SMEND, R., Hermann Gunkel, in: *Deutsche Alttestamentler*, Freiburg Schweitz – Göttingen, 1989, Universitätsverlag – Vandenbroeck & Ruprecht, 160-172; REVENTLOW, *Epochen der Bibelauslegung*, 327-346.

falou mais exatamente de *Sitz im Volksleben*, isto é, de "situação na vida *do povo*"[29]. O uso da palavra *Volk*, "povo", é típica da mentalidade romântica e do seu interesse pelas formas populares da arte, em literatura e em música, em particular pelo mundo rural e pastoril.

Outro interesse de Gunkel é tipicamente romântico: aquele pelas *Sagen*, isto é, os relatos populares. A sua famosíssima definição do livro do Gênesis: *"Genesis ist eine Sammlung von Sagen"* – "O livro do Gênesis é uma coletânea de relatos populares" – insere-se no interesse daquele tempo pelo folclore[30]. Não nos esqueçamos de que, no início do século XIX, os irmãos Grimm recolhiam e publicavam na Alemanha as suas célebres "fábulas"[31]. Gunkel partilha com os irmãos Grimm o interesse pela cultura popular dos campos que está desaparecendo por causa da rápida industrialização do início do século XIX. Para Gunkel, os autores do livro do Gênesis são uma espécie de "irmãos Grimm bíblicos" que coletaram e compilaram fábulas, lendas e relatos populares de seu tempo.

Nos estudos neotestamentários, o espírito romântico se manifesta de diversos modos: no gosto pelo que é "primitivo", "genuíno", "espontâneo", nos juízos de valor, mas tam-

---

29 GUNKEL, H., Die israelitische Literatur, in: HINNEBERG, P. (org.), *Die Kultur der Gegenwart: die orientalischen Literaturen*, Berlin – Leipzig, Teubner, 1906, 53; ID., Die Grundprobleme der israelitischen Literaturgeschichte, in: *Deutsche Literaturzeitung* 27 (1906) reeditado em *Reden und Aufsätze*, Göttingen, Vandenhoeck & Ruprecht, 1913, 21-38, especialmente 33.

30 GUNKEL, H., *Genesis übersetzt und erklärt*, Göttingen, Vandenhoeck & Ruprecht, 1901; ²1902; ³1910. A frase serve como subtítulo da introdução (p. VII na edição de 1910).

31 GRIMM, J.; GRIMM, W., *Kinder- und Hausmärchen*, Marburg, Elwert, 1812-1815.

bém em algumas categorias fundamentais da exegese. Pode-se, por exemplo, atribuir ao espírito romântico a busca dos *ipsissima verba* de Jesus, a diferença estabelecida entre parábola de Jesus e interpretação feita pela Igreja primitiva, a busca do *kerygma* apostólico na origem dos evangelhos[32], bem como a distinção férrea entre cartas autênticas e cartas não autênticas de Paulo e, sobretudo, o juízo de valor a favor das primeiras. Mencionamos também o interesse particular por Marcos, o primeiro evangelho escrito, mais espontâneo, mais simples, mais pitoresco e menos artificioso do que os outros, ou pela fonte Q, que contém palavras genuínas de Jesus Cristo. Ou mesmo o juízo sobre o Evangelho de João, considerado o mais recente e muitas vezes julgado como teológico demais, abstrato demais e quase gnóstico[33], ou ainda o desinteresse pelos últimos escritos do Novo Testamento, pelas cartas católicas e pelo Apocalipse.

Os períodos mais tardios, com efeito, são muitas vezes vistos pelos exegetas influenciados pelo romantismo como momentos de decadência e de esfacelamento. A religião se torna legalista, ritualista, perdem-se a espontaneidade e a naturalidade dos tempos mais antigos, que são substituídas por regras abstratas e impessoais. O carisma das origens é substituído pela organização, pelas estruturas rígidas e pelas pesadas hierarquias das épocas sucessivas[34]. O carisma

---

32 Cf., por exemplo, as pesquisas de J. Jeremias.
33 Já Herder atribuía as diferenças entre João e os sinóticos à data de composição mais tardia do primeiro. Ver REVENTLOW, *Epochen der Bibelauslegung*, 200.
34 Cf., por exemplo, as opiniões de WELLHAUSEN sobre o relato sacerdotal ou sobre a reforma de Esdras-Neemias nos *Prolegomena zur Geschichte Israels*, 3-4. Ver SKA, *Introdução à leitura do Pentateuco*, 124-126.

morre sufocado pelo sistema. Isto vale para a época pós-exílica, para as reformas de Esdras e Neemias no Antigo Testamento e para a segunda geração dos cristãos, a época das cartas católicas e das cartas pastorais de Paulo.

O romantismo teve um influxo duradouro no mundo da exegese. Como se viu, muitas tendências do passado recente da exegese bíblica provêm do espírito romântico que, aliás, certamente não morreu.

A janela

A terceira metáfora que encontramos no mundo da crítica literária e na exegese bíblica é a da janela[35]. Talvez seja mais difícil defini-la porque ela é usada por críticos e exegetas de diversas tendências, e não caracteriza uma escola em particular, como as imagens precedentes. Fala-se, por exemplo, de "janela" a propósito de estudos de tipo histórico ou sociológico[36]. Por outro lado, a polivalência da própria metáfora explica em grande parte o seu sucesso. Fundamentalmente, porém, a imagem traduz em termos

---

35 Ver a obra do crítico literário estadunidense KRIEGER, M., *A Window to Criticism: Shakespeare's "Sonnets" and Modern Poetics*, Princeton (NJ) – Oxford, Princeton University Press, 1964, 1969.

36 A imagem da janela é muitas vezes utilizada por críticos que preconizam métodos históricos ou sociológicos. Cf. LONG, V. P.; BAKER, D. W.; WENHAM, G. J. (orgs.), *Windows into Old Testament History: Evidence, Argument, and the Crisis of "Biblical Israel"*, Grand Rapids (MI), Eerdmans, 2002; WEREN, W. J. C., *Windows on Jesus: Methods in Gospel Exegesis*, London, SMC, 1999; trad. it. *Finestre su Gesù. Metodologia dell'esegesi dei Vangeli*, Torino, Claudiana, 2001; MALINA, B. J., *Windows on the World of Jesus: Time Travel to Ancient Judea*, Louisville (KY), Westminster John Knox, 1993.

visuais um elemento essencial da linguagem, isto é, a natureza de "signo". Sobre este ponto, os especialistas geralmente estão de acordo: palavras, frases, obras literárias "indicam" algo que não é apenas a palavra, a frase ou a obra literária. Um signo é *aliquid quod stat pro aliquo* ("uma coisa que está no lugar de outra")[37]. Mesmo os expoentes da nova crítica que veem na obra literária apenas referências a si mesma excluem, na prática, unicamente as interpretações que não se referem ao mundo literário. De outro modo, a interpretação limitar-se-ia a uma pura repetição palavra por palavra da obra escrita.

Em vez de dar um elenco talvez cansativo de nomes e de teorias, prefiro tomar um exemplo concreto e mostrar quais são as potencialidades de uma leitura que vê o texto como "janela". O exemplo que escolhi é um texto muito breve, encontrado em 2 Reis 4,1-7:

> A mulher de um dos filhos de profetas implorou a Eliseu: "Teu servo, meu marido, morreu, e sabes que ele temia o Senhor. Ora, veio o credor com a intenção de tomar meus dois filhos para fazê-los escravos". Perguntou-lhe Eliseu: "Que posso fazer por ti? Dize-me, que possuis em tua casa?". Ela respondeu: "Tua serva nada tem em casa, a não ser um pouco de óleo [para perfumar-me]". Ele disse: "Vai, pede a teus vizinhos que te emprestem vasos, muitos vasos vazios, no maior número possível. Depois entra, fecha a porta atrás de ti e de teus filhos e derrama o óleo naqueles vasos. Cada vaso que ficar cheio, põe de lado". Ela o deixou, e fechou a porta atrás de si e

---

[37] Sobre este ponto, ver, entre outros, Eco, *Sobre os espelhos e outros ensaios*, 23-25.

dos filhos. Depois, à medida que os filhos lhe traziam os vasos, ela os ia enchendo de óleo. Quando os vasos ficaram cheios, ela disse a um de seus filhos: "Traze mais um vaso!". Ele respondeu: "Não há mais nenhum". Então o óleo parou de correr. Ela foi informar o homem de Deus, que disse: "Vai, vende o óleo e paga a tua dívida, depois, tu e teus filhos vivereis com o restante".

UMA JANELA CLÁSSICA

Os comentários não dedicam muito espaço a este breve relato[38]. Geralmente, contentam-se com alguma anotação sobre a escravidão por dívidas. Trata-se, portanto, só de informações sobre o texto, e não exatamente de interpretações do relato. A "janela" se abre para o contexto literário e jurídico da passagem com alusões a alguns textos bíblicos, por exemplo, a lei de Êxodo 21,1-11, uma lei exatamente sobre os filhos "entregues" ou "adquiridos" para saldar dívidas. Outros textos aludem ao fenômeno ou o ilustram, tal como Isaías 50,1 e Neemias 5,1-13 (cf. especialmente 5,5)[39]. Alguns comentadores mencionam também Amós 2,6 e 8,6; mas os textos do profeta se referem pouco

---

38 Ver, por exemplo, os comentários clássicos de MONTGOMERY, J. A., *A Critical and Exegetical Commentary on the Books of Kings*, organizado por GEHMAN, S. H., Edinburgh, T & T Clark, 1927; ²1951 [1967]; GRAY, J., *I & II Kings: A Commentary. Second, fully revised, edition*, London, SMC, 1970, 491-492; ver também BUIS, P., *Le livre des Rois*, Paris, Gabalda, 1997; COGAN, M.; TADMOR, H., *II Kings: A New Translation with Introduction and Commentary*, New York, Doubleday, 1988, 55-56.

39 Para mais detalhes, ver CHILTON, B., Debts, in: FREEDMAN, D. N. (org.), *Anchor Bible Dictionary*, 6 vols., New York, Doubleday, 1992, II, 114-116.

claramente a este tipo de escravidão. Mais evidente, ao contrário, é um texto extrabíblico que provém de um antigo código mesopotâmico, o código do rei Hammurábi, da Babilônia, (1792-1750 a.C.), no § 117: "Se uma dívida pesa sobre um homem livre e ele vendeu sua esposa, seu filho ou sua filha ou entregou-se em serviço pela dívida: trabalharão durante três anos na casa de seu comprador ou daquele que os tem em sujeição: no quarto ano será feita sua libertação"[40]. Os estudiosos observam que no código mesopotâmico o escravo volta a ser livre no quarto ano, enquanto nos códigos bíblicos se prevê a libertação somente no sétimo ano (Ex 21,2; Dt 15,12).

Este tipo de leitura explica apenas um elemento do relato, a venda dos filhos, porque se trata evidentemente do elemento que mais surpreende um leitor moderno. Para saber mais, é necessário buscar outras obras mais especializadas no assunto, como alguns estudos sobre a escravidão por dívidas em Israel e no Antigo Oriente Próximo[41].

---

40 Texto citado conforme BOUZON, E., *O código de Hammurábi. Introdução, tradução (do original cuneiforme) e comentários,* Petrópolis, Vozes, 1980 [N. do T.].
41 Ver sobretudo MENDELSOHN, I., *Slavery in the Ancient Near East: A Comparative Study of Slavery in Babylonia, Assyria, Syria, and Palestine from the Middle of the Third Millennium to the End of the First Millennium*, New York, Oxford University Press, 1949; CARDELLINI, I., *Die biblischen "Sklaven"-Gesetze im Lichte des keilschriftlichen Sklavenrechts. Ein Beitrag zur Tradition, Überlieferung und Redaktion der alttestamentlichen Rechtstexte*, Bonn, P. Haustein, 1981; CHIRICHIGNO, G. C., *Debt-Slavery in Israel and the Ancient Near East*, Sheffield, Sheffield Academic Press, 1993.

A JANELA SOCIOLÓGICA

Diversos estudos[42], baseados nas observações que acabo de fazer, aproveitaram as possibilidades do texto para abrir uma "janela" acerca da condição da mulher, especialmente da viúva, no antigo Israel. Entre as informações mais relevantes, os estudiosos notam, por exemplo, que a viúva pertence à categoria das *personae miserae*, ao lado dos órfãos e dos estrangeiros[43]. As *personae miserae* são todas pessoas jurídica, econômica e socialmente vulneráveis. Muitas vezes, encontram-se em condições desesperadas caso ninguém as socorra. A mulher, para ficarmos restritos a este caso, não tem realmente "direitos" reconhecidos na sociedade bíblica, como em muitas outras sociedades antigas. O seu estatuto jurídico e social lhe é transmitido pelo pai, antes do matrimônio, ou pelo marido, após o matrimônio. A sociedade, com efeito, não reconhece à mulher um estatuto próprio fora dessas duas possibilidades[44]. No caso de 2 Reis 4,1-7, a viúva não tem nenhuma "cobertura" jurídica, ainda que diversas leis tentem proteger aquelas categorias vulneráveis[45]. Além disso, o texto evidencia que a viúva não pode resolver o problema sozinha. Nem a sua família nem o grupo dos profetas têm condições de socorrê-la, ou não estão dispostos a fazê-lo por razões não explicitadas.

---

42 Cf. HOOVER RENTERÍA, T., The Elijah/Elisha Stories: A Socio-cultural Analysis of Prophets and People in Nine-Century B.C.E. Israel, in: COOTE, R. B. (org.), *Elijah and Elisha in Socioliterary Perspective*, Atlanta (GA), Scholars Press, 1992, 75-113.

43 Cf., por exemplo, Deuteronômio 10,18; 14,29; 16,11.14; 24,19.20.21; 26,12. 13; 27,19; Jeremias 7,6; 22,3; Ezequiel 22,7; Zacarias 7,10; Malaquias 3,5.

44 Ver KALMIN, R., Levirate Law, in: FREEDMAN, D. N. (org.), *Anchor Bible Dictionary*, IV, 296-297 (espec. 297).

45 Cf. os textos citados anteriormente, na nota 43.

Pode-se notar, enfim, que a viúva não contesta o sistema no qual se encontra e não se revolta contra a injustiça da sua condição de mulher nem contra a discriminação da qual é objeto[46]. Ela pede socorro, não justiça, e para isso dirige-se até mesmo a um homem.

O relato destaca a bondade do profeta Eliseu, que escuta a viúva e a socorre imediatamente, e a sua capacidade de realizar milagres para resolver problemas aparentemente impossíveis. O relato, todavia, não vai além e não contesta um sistema injusto. Em outras palavras, a mulher permanece em situação de dependência e não escolhe a via para a libertação da escravidão e para a autossuficiência. Não é o escopo do trecho e não era, talvez, nem mesmo imaginável naquele mundo no qual foi composto.

Não obstante, dois elementos obrigam a questionar esta primeira impressão. Por um lado, o profeta diz à mulher que ela peça a todas as suas vizinhas vasos emprestados: este seria um primeiro passo na via da solidariedade. O milagre exige, portanto, um esforço prévio de colaboração. Em segundo lugar, a mulher enche os recipientes com o óleo que tem em casa e que depois irá vender. O profeta não lhe dá ouro nem prata nem joias, e não leva a quantia exigida pelo credor, por exemplo, mas encontra uma solução que está, por assim dizer, "ao alcance da mão". O óleo é uma das mercadorias mais básicas e mais comuns naquele

---

46   Ver, por exemplo, BERGEN, W. J., *Elisha and the End of Prophetism*, Sheffield, Sheffield Academic Press, 1999, 83-87; cf. TODD, J. A., The Pre-Deuteronomistic Elijah Cycle, in: COOTE (org.), *Elijah and Elisha in Socioliterary Perspective*, 1-35, particularmente 3-11 (The Socio-Economic Context of the Omrid Dynasty).

tempo, e a mulher o tem disponível em sua casa. Não se trata de algo extraordinário e impossível de encontrar. O único elemento miraculoso é a inesperada abundância. Em conclusão, deve-se dizer que o milagre combina elementos que evidenciam a condição de inferioridade da mulher com outros que, diferentemente, ressaltam as suas potencialidades e as suas capacidades para colaborar. O milagre não acontece sem ela, e ela está longe de receber passivamente uma ajuda que lhe foi destinada de modo paternalista.

A JANELA HISTÓRICA, POLÍTICA E TEOLÓGICA

Um leitor curioso poderia perguntar por que se descreve a condição de uma viúva obrigada a vender os próprios filhos exatamente em um ciclo de histórias que têm como protagonista o profeta Eliseu. Será talvez porque, naquele momento, o problema se agravou? Alguns estudos históricos dão a esta pergunta uma resposta afirmativa. Deste modo, o texto abriria uma "janela" para um período importante da história de Israel, aquele da dinastia de Omri[47]. O rei mais conhecido desta dinastia é Acab, com sua esposa Jezabel, graças a numerosos episódios nos quais se opõem ao profeta Elias.

Os pontos de apoio da leitura "histórica" são numerosos: textos bíblicos e extrabíblicos ajudam a esboçar um re-

---

47 Os representantes desta família são Omri (885-874 a.C.), Acab (874-853 a.C.), Acazias (853-852 a.C.) e Jorão (852-841 a.C.). A dinastia foi destruída por Jeú (841-814 a.C.). Cf. 2 Reis 9–10.

trato bastante preciso das condições econômicas e culturais daquela época de prosperidade para o reino do Norte[48]. Por outro lado, o enriquecimento das classes dirigentes teve como consequência o empobrecimento e a escravidão dos mais fracos. O abuso de poder para adquirir novas terras é ilustrado no famoso episódio da vinha de Nabot (1Rs 21)[49], e as consequências do endividamento dos mais pobres no episódio que acabamos de ler[50].

O trecho, porém, não apresenta somente uma situação comum no Antigo Oriente Próximo, provavelmente agravada pela política dos Omridas, mas sutilmente também denuncia esta situação explícita de injustiça. Com efeito, segundo os usos daquele tempo, é o rei quem deve defender os mais fracos, como afirma, por exemplo, o Salmo 72, ao expressar o desejo de que o rei "faça justiça aos humildes do povo, seja a salvação dos pobres, esmague o opressor" (72,4; cf. 72,12-14). O rei Josias, por exemplo, comportou-se exatamente assim, segundo Jeremias 22,16: "Ele defendia a causa do humilhado e do pobre, e então tudo corria bem!".

A viúva de 2 Reis 7,1, ao contrário, dirige-se não ao rei, mas ao profeta, que intervém em seu favor. O profeta

---

[48] Sobre a dinastia de Omri, ver TIMM, S., *Die Dynastie Omri*, Göttingen, Vandenhoeck & Ruprecht, 1981; LIVERANI, M., *Para além da Bíblia. História antiga de Israel*, São Paulo, Loyola – Paulus, 2008, 145-149.164-167.

[49] Ver ANDERSEN, F. I., The Socio-Cultural Background of the Naboth Incident, *Journal of Biblical Literature* 85 (1966) 46-57; TIMM, *Die Dynastie Omri*, 124-126 (com bibliografia); LIVERANI, *Para além da Bíblia*, 164-167.

[50] O profeta Amós, que prega cerca de um século depois, denunciará com grande vigor a injustiça social no reino de Israel. Sobre este profeta, ver, entre outros, SIMIAN-YOFRE, H., *Amos. Nuova versione, introduzione e commento*, Milano, Paoline, 2002.

não substitui o rei e não pretende usurpar o seu poder, mas faz pensar que existe um mundo diferente para "aqueles que temem YHWH" (cf. 2Rs 4,1).

Ao sistema político e econômico imposto pela casa de Omri opõe-se o profetismo de Eliseu, que vem em socorro dos mais humildes, neste caso da viúva, que, sem dúvida, não era importante aos olhos do rei[51]. O relato oferece, portanto, a possibilidade de imaginar um mundo diferente daquele dominado pelos reis, um mundo alternativo, mais solidário e mais "justo", aquele dos profetas.

A JANELA LITERÁRIA

Uma última janela pode ser aberta para esta breve passagem, a janela do estudo literário[52], que visa sobretudo fazer o leitor entrar na *oficina do relato*, para utilizar a linguagem de Angelo Marchese[53]. Dois estudiosos em particular nos ajudam a ver como trabalhava o autor de 2 Reis 4,1-7: trata-se de Alexander Rofé[54] e de Uriel Simon[55].

Rofé mostra que se trata de uma "lenda" breve, porque o relato descreve uma única ação milagrosa; o trecho é in-

---

51 Cf. BERGEN, W. J., The Prophetic Alternative: Elisha and the Israelite Monarchy, in: COOTE (org.), *Elijah and Elisha in Socioliterary Perspective*, 127-137.
52 A este propósito, ver ÁLVAREZ BARREDO, M., *Las narraciones sobre Elías y Eliseo en los libros de los Reyes*, Murcia, Espigas, 1996, 76-78.
53 MARCHESE, A., *L'officina del racconto. Semiotica della narratività*, Milano, Mondadori, 1983.
54 ROFÉ, A., *Storie di profeti. La narrativa sui profeti della Bibbia ebraica: generi letterari e storia*, Brescia, Paideia, 1991.
55 SIMON, U., *Reading Prophetic Narratives*, Bloomington – Indianapolis (IN), Indiana University Press, 1997. Para uma análise de 1 Reis 4,1-7, cf. 256-258.

dependente e não tem ligações cronológicas com os relatos que o precedem e o sucedem; a trama é simples e consta de dois ou três momentos, não mais; os actantes são anônimos ou não têm traços individuais bem precisos; o escopo do relato é descrever uma ação extraordinária realizada por um personagem que provoca respeito e admiração[56].

O autor do relato também utilizou um esquema à sua disposição e bem conhecido no mundo bíblico, como mostra R. Culley[57]. O esquema é formado por três momentos principais: (1) uma pessoa apresenta ao profeta um problema a ser resolvido; (2) o profeta faz uma pergunta para esclarecimento, depois dá instruções para uma resolução do problema; (3) assistimos por fim a um "milagre", depois o profeta explica o que fazer a seguir para chegar a uma solução definitiva do problema[58]. Muitos comentadores[59] também evidenciaram o paralelismo entre o milagre de Eliseu em 2 Reis 4,1-7 e o milagre semelhante realizado por Elias quando chegou junto à viúva de Sarepta (1Rs 17,7-16).

Trata-se, grosso modo, de mostrar quais são as técnicas, as convenções, ou gêneros literários, utilizados pelos narradores e autores bíblicos na composição de seus relatos.

---

56 ROFÉ, *Storie di profeti*, 21-31; cf. SIMON, *Reading Prophetic Narratives*, 227.
57 CULLEY, R. C., *Studies in the Structure of Hebrew Narrative*, Philadelphia (PA) – Missoula (MT), Scholars Press, 1976, 91-92.
58 Os outros exemplos desta estrutura são: 2 Reis 2,19-22: Eliseu torna potável a água de Jericó; 2 Reis 4,38-41: Eliseu torna inócua uma sopa envenenada; Êxodo 15,22-27: Moisés torna potáveis as águas amargas de Mara; 2 Reis 6,1-7: Eliseu recupera o machado caído no Jordão; 1 Reis 17,17-24: Elias ressuscita o filho da viúva de Sarepta. Ver CULLEY, *Studies in the Structure of Hebrew Narrative*, 71-96.
59 Ver, por exemplo, CULLEY, *Studies in the Structure of Hebrew Narrative*, 63-64; SIMON, *Reading Prophetic Narratives*, 255-258.

Já existem diversos manuais sobre o assunto e, portanto, não é necessário insistir demais nesta possibilidade de leitura, apenas uma entre tantas outras[60].

---

60 Ver, entre outros, ALTER, R., *A arte da narrativa bíblica*, São Paulo, Companhia das Letras, 2007; AMIT, Y., *Reading Biblical Narratives. Literary Criticism and the Hebrew Bible*, Minneapolis (MN), Fortress Press, 2001; BAR-EFRAT, S., *Narrative Art in the Bible*, Sheffield, Sheffield Academic Press, 1989; BERLIN, A., *Poetics and Interpretation of Biblical Narrative*, Sheffield, Almond Press, 1983; FOKKELMAN, J. P., *Reading Biblical Narrative. An Introductory Guide*, Louisville (KY), Westminster John Knox, 1999; GUNN, D. M.; FEWELL, D. N., *Narrative in the Hebrew Bible*, New York, Oxford University Press, 1993; MARGUERAT, D.; BOURQUIN, Y., DURRER, M., *Per leggere i racconti biblici. La Bibbia si racconta. Iniziazione all'analisi narrativa*, Borla, Roma, 2001 (com bibliografia). [MARGUERAT, D.; BOURQUIN, Y., Para ler as narrativas bíblicas. Iniciação à análise narrativa. São Paulo, Loyola, 2009.]; SKA, J.-L., *"Our Fathers Have Told Us". Introduction to the Analysis of Hebrew Narratives*, Roma, Pontificio Istituto Biblico, 1990; ²2000 (com bibliografia); STERNBERG, M., *The Poetics of Biblical Narrative. Ideological Literature and the Drama of Reading*, Bloomington (IN), Indiana University Press, 1985.

Conclusão

Este breve panorama da hermenêutica bíblica recente e menos recente pode deixar o leitor um pouco desnorteado. Alguns até mesmo ficarão um pouco tontos diante desta massa de propostas diferentes e às vezes contraditórias. A impressão poder ser a mesma de uma pessoa que entra pela primeira vez em um imenso supermercado no qual encontra de tudo, mas não sabe como se orientar nem como encontrar aquilo de que realmente necessita. A impressão, porém, é falsa. Ao contrário, a hermenêutica bíblica atual é como uma antiga universidade onde existem várias faculdades, cada uma com um seu corpo docente, as suas disciplinas e os seus métodos, mas também com as suas tradições e as suas glórias passadas. Além disso, quem entra em uma universidade de grande fama sabe que ali encontrará mestres que guiarão passo a passo o estudante no seu caminho e o ajudarão a adquirir os conhecimentos necessários para poder, em seguida, exercer uma profissão e colocar-se a serviço dos seus concidadãos. A hermenêutica bíblica é semelhante a uma universidade ainda sob outro aspecto: ali se cria um espírito particular que une todos aqueles que nela ensinam e nela estudam. Este espírito de família é um elemento indispensável na formação de cada um, porque dele nascem entusiasmo para o estudo, curiosidade para as novas pesquisas, solidariedade nos momentos difíceis e vínculos duradouros para o futuro. Estudantes que fizeram as mesmas experiências em uma universidade deste tipo podem reencontrar-se anos depois e reconhecer-se logo, porque falam a mesma "língua", partilham os mesmos interesses e assimilaram modos análogos de pensar. O estudo da Bíblia, que abre pouco a pouco um livro lacrado, cria também ele este espírito que une todos os que se sentaram aos pés da antiga mestra de vida. Este é o desejo que formulo no final deste percurso através da hermenêutica bíblica.

Suplemento bibliográfico

1. Hermenêutica bíblica

BARTHOLOMEW, C. G.; BELDMAN, D. J.H. (orgs.). *Hearing the Old Testament: Listening for God's Address.* Grand Rapids (MI): Eerdmans, 2012.

BOVATI, P.; BASTA, P. *"Ci ha parlato per mezzo dei profeti": Ermeneutica biblica.* Cinisello Balsamo: San Paolo, 2012.

BRESCIANI, C. et al. *Interpretare la Scrittura.* Brescia: Morceliana, 2008.

BROWN, J. K. *Scripture as Communication: Introducing Biblical Hermeneutics.* Grand Rapids: Baker, 2007.

JONKER, L.; LAWRIE, D. (orgs.). *Fisching for Jonah (Anew): Various Approaches to Biblical Interpretation.* Stellenbosch: SUN Media, 2005.

KLEIN, W. W.; BLOMBERG, C. L.; HUBBARD, R. L. *Introduction to Biblical Interpretation*. Nashville (TN): Thomas Nelson, 2004.

MONTAGUE, G. T. *Understanding the Bible: A Basic Introduction to Biblical Interpretation*. Mahwah (NJ): Paulist Press, 1997, ²2007.

OEMING, M. *Biblische Hermeneutik. Eine Einführung*. Darmstadt: Primus, 1998, ²2007; trad. ingl. *Contemporary Biblical Hermeneutics: An Introduction*. Hants (UK) – Burlington (VT): Ashgate, 2006.

PORTER, S. E. (org.). *Dictionary of Biblical Criticism and Interpretation*. London – New York: Routledge, 2007.

THISELTON, A. C. *Hermeneutics: An Introduction*. Grand Rapids (MI): Eerdmans, 2009.

VIRKLER, H. A.; AYAYO, K. G. *Hermeneutics: Principles and Processes of Biblical Interpretation*. Grand Rapids (MI): Baker Academic, 1981, ²2007.

WISCHMEYER, O. (org.). *Lexikon der Bibelhermeneutik. Begriffe – Konzepte – Theorien*. Berlin – New York: de Gruyter, 2009.

2. História da interpretação

HAUSER, A. J.; WATSON, D. F. *A History of Biblical Interpretation, 1: The Ancient Period*. Grand Rapids (MI) – Cambridge (UK): Eerdmans, 2003.

———. *A History of Biblical Interpretation, 2: The Medieval through the Reformation Period*. Eerdmans, Grand Rapids (MI)-Cambridge (UK) 2009.

HAYES, J. H. (org.). *Dictionary of Biblical Interpretation I-II*. Nashville (TN): Abingdon Press, 1999.

KLAUCK, H.-J. et al. (orgs.). *Encyclopedia of the Bible and Its Reception, 1: Aaron – Aniconism; 2: Anim – Atheism*. Berlin – New York: de Gruyter 2009.

LIEB, M.; MASON, E.; ROBERTS, J. (orgs.). *Oxford Handbook of the Reception History of the Bible*. Oxford: Oxford University Press, 2011.

MARSDEN, R.; MATTER, E. A. (orgs.). *The New Cambridge History of the Bible, 2: From 600 to 1450*. Cambridge: Cambridge University Press, 2012.

MCKIM, D. K. (org.). *Historical Handbook of Major Biblical Interpreters*. Downers Grove (IL) – Leicester (UK): InterVarsity Press, 1998.

———. *Dictionary of Major Biblical Interpreters*. Downers Grove (IL) – Leicester (UK): InterVarsity Press, ²2007.

PAGET, J. C.; SCHAPER J. (orgs.). *The New Cambridge History of the Bible, 1: From the Beginnings to 600*. Cambridge: Cambridge University Press, 2013.

REVENTLOW, H. G. von. *Storia dell'interpretazione biblica, 1: Dall'Antico Testamento a Origene; 2: Dalla tarda antichità alla fine del Medioevo; 3: Rinascimento, Riforma, Umanesimo*. Casale Monferrato: Piemme, 1999; 4: Dall'Illuminismo fino al XX secolo. Casale Monferrato: Piemme, 2004.

SÆBØ, M. (org.). *Hebrew Bible, Old Testament. The History of Its Interpretation, 1: From the Beginnings to the Middle Ages (Until 1300), Part 1: Antiquity*. Göttingen: Vandenhoeck & Ruprecht, 1996.

———. *Hebrew Bible, Old Testament. The History of Its Interpretation, 1: From the Beginnings to the Middle Ages (Until 1300); Part 2: The Middle Ages*. Göttingen: Vandenhoeck & Ruprecht, 2000.

———. *Hebrew Bible, Old Testament. The History of Its Interpretation, 2: From the Renaissance to the Enlightenment*. Göttingen: Vandenhoeck & Ruprecht, 2008.

———. *Hebrew Bible, Old Testament. The History of Its Interpretation, 3: From Modernism to Post-Modernism (The Nineteenth and Twentieth Centuries), Part 1: The Nineteenth Century, a Century of Modernism and Historicism*. Göttingen: Vandenhoeck & Ruprecht, 2013.

———. *Hebrew Bible, Old Testament. The History of Its Interpretation, 3: From Modernism to Post-Modernism (The Nineteenth and Twentieth Centuries), Part 2: The Twentieth Century, a Century of Modernism and Historicism.* Göttingen: Vandenhoeck & Ruprecht, 2014.

SAWYER, J. F. A. *A Concise Dictionary of the Bible and Its Reception.* Louisville (KY): Westminster John Knox Press, 2009.

SOULEN, R. N. *Sacred Scripture: A Short History of Interpretation.* Louisville (KY): Westminster John Knox Press, 2009.

3. Narratologia

ALTER, R. *A arte da narrativa bíblica.* São Paulo: Companhia das Letras, 2007.

AMIT, Y. *Reading Biblical Narratives. Literary Criticism and the Hebrew Bible.* Minneapolis (MN): Fortress Press, 2001.

BAR-EFRAT, S. *Narrative Art in the Bible.* Sheffield: Almond Press, 1989; trad. esp. *El Arte de la Narrativa en la Biblia.* Madrid: Ediciones Cristiandad, 2003.

BERLIN, A. *Poetics and Interpretation of Biblical Narrative.* Sheffield: Almond Press, 1983; Winona Lake (IN): Eisenbrauns, 1994.

FINNERN, S. *Narratologie und biblische Exegese. Eine integrative Methode der Erzählanalyse und ihr Ertragen am Beispiel von Matthäus 28.* Tübingen: Mohr Siebeck, 2010.

FOKKELMAN, J. P. *Come leggere un racconto biblico. Guida pratica alla narrativa biblica.* Bologna: EDB, 2003.

GUNN, D. M.; FEWELL, D. N. *Narrative in the Hebrew Bible.* New York: Oxford University Press, 1993.

HARDMEIER, C. *Erzähldiskurs und Redepragmatik im Alten Testament. Unterwegs zu einer performativen Theologie der Bibel.* Tübingen: Mohr Siebeck, 2005.

KAWASHIMA, R. S. *Biblical Narrative and the Death of the Rhapsode*. Bloomington – Indianapolis (IN): Indiana University Press, 2004.

KÖLLER, W. *Narrative Formen der Sprachreflexion. Interpretationen zu Geschichten über Sprache von der Antike bis zur Gegenwart*. Berlin – New York: de Gruyter, 2006.

LICHT, J. *La narrazione nella Bibbia*. Paideia, Brescia 1998.

MARAIS, J. *Representation in Old Testament Narrative Texts*. Leiden: Brill, 1998.

MARGUERAT, D.; BOURQUIN, Y. *Para ler as narrativas bíblicas. Iniciação à analise narrativa*. São Paulo: Loyola, 2009.

MARGUERAT, D. (org.). *La Bible en récit. L'exégèse biblique à l'heure du lecteur*. Genève: Labor et Fides, 2003.

———. *Quand la Bible se raconte*. Paris: Le Cerf, 2003.

POWELL, M. A. *What Is Narrative Criticism? A New Approach to the Bible*. Minneapolis (MN): Augsburg Fortress Press, 1990; London: SPCK, 1993.

RESSEGUIE, J. L. *Narrative Criticism of the New Testament: An Introduction*. Grand Rapids (MI): Baker Academic, 2005; trad. fr. *L'exégèse narrative du Nouveau Testament. Une introduction*. Bruxelles: Lessius, 2009.

SEYBOLD, K. *Poetica degli scritti narrativi nell'Antico Testamento*. Brescia: Paideia, 2010.

SKA, J.-L. *"I Nostri padri ci hanno raccontato". Introduzione all'analisi dei racconti dell'Antico Testamento*. Bologna: EDB, 2012.

STERNBERG, M. *The Poetics of Biblical Narrative. Ideological Literature and the Drama of Reading*. Bloomington (IN): University of Indiana Press, 1985.

TOLMIE, D. F. *Narratology and Biblical Narratives: A Practical Guide*. Atlanta (GA): International Scholars Publications, 1998.

WALSH, J. T. *Style and Structure in Biblical Hebrew Narrative*. Collegeville (MN): The Liturgical Press, 2001.

―――. *Old Testament Narrative: A Guide to Interpretation*. Louisville (KY): Westminster John Knox Press, 2009.

4. Crítica literária

AUERBACH, E. *Mimesis: a representação da realidade na literatura ocidental*. São Paulo: Perspectiva, ⁵2011.

BERNARDELLI, A. *La narrazione*. Roma – Bari: Laterza, 1999.

BRÉMOND, C. *Logica del racconto*. Milano: Bompiani, 1973.

CESERANI, R.; BERNARDELLI, A. *Il testo narrativo*. Bologna: il Mulino, 2005.

CHATMAN, S. *Storia e discorso: la struttura narrativa nel romanzo e nel film*. Parma: Pratiche, 1987.

COMPAGNON, A. *O demônio da teoria: literatura e senso comum*. Belo Horizonte: Editora UFMG, 1999.

ECO, U. *Lector in fabula*. São Paulo: Perspectiva, 1986.

―――. *Os limites da interpretação*. São Paulo: Perspectiva, 1995.

―――. *Seis passeios pelos bosques da ficção*. São Paulo: Schwarcz, 1994.

―――. *Sobre os espelhos e outros ensaios*. Rio de Janeiro: Nova Fronteira, 1989.

FISH, S. E. *Is There a Text in This Class? The Authority of Interpretive Communities*. Cambridge (MA): Harvard University Press, 1983, 2003.

GENETTE, G. *Nuovo discorso del racconto*. Torino: Einaudi, 1987.

―――. *Figuras III*. São Paulo: Estação Liberdade, 2017.

LUBBOCK, P. *A técnica da ficção*. São Paulo: Cultrix, 1976.

VITTORINI, F. *Il testo narrativo*. Roma: Carocci, 2006.

WOOD, J. *Como funciona a ficção*. São Paulo: Cosacnaify, 2011.

5. A dinastia de Omri

GRABBE, L. L. (org.). *Good Kings and Bad Kings*. London: T & T Clark, 2005.

——. *Ahab Agonistes: The Rise and Fall of the Omri Dynasty*. London – New York: T & T Clark, 2007.

JERICKE, D. *Regionaler Kult und lokaler Kult: Studien zur Kult und Religionsgeschichte Israels und Judas im 9. und 8. Jahrhundert v. Chr.* Wiesbaden: Harrassowitz, 2010.

TIMM, S. *Die Dynastie Omri. Quellen und Untersuchungen zur Geschichte Israels im 9. Jahrhundert vor Christus*. Göttingen: Vandenhoeck & Ruprecht, 1982.

6. Elias e Eliseu

ALBERTZ, R. *Elia. Ein feuriger Kämpfer für Gott*. Leipzig: Evangelische Verlagsanstalt, 2006.

ÁLVAREZ BARREDO, M. *Las narraciónes sobre Elías y Eliseo en los Libros de los Reyes: Formación y teología*. Murcia: Espigas, 1996.

BECK, J. A. Geography as Irony. The Narrative-geological Shaping of Elijah's Duel with the Prophets of Baal (1 Kings 18). *Scandinavian Journal of the Old Testament* 17 (2003) 291-302.

BECK, M. *Elia und die Monolatrie. Ein Beitrag zur religionsgeschichtlichen Rückfrage nach dem vorschriftprophetischen Jahwe-Glauben*. Berlin: de Gruyter, 1999.

BODNER, K. *Elisha's Profile in the Book of Kings: The Double Agent*. Oxford: Oxford University Press, 2013.

CARLSON, R. A. Élisée – Le Successeur d'Élie. *Vetus Testamentum* 20 (1970) 385-405.

CARROLL, R. P. The Elijah-Elisha Sagas: Some Remarks on Prophetic Succession in Ancient Israel. *Vetus Testamentum* 19 (1969) 400-415.

CRÜSEMANN, F. *Elia – Die Entdeckung der Einheit Gottes. Eine Lektüre der Erzählungen über Elia und seine Zeit (1Kön 17 – 2Kön 2)*. Gütersloh: Chr. Kaiser, 1997.

FOHRER, G. *Elia*. Zürich: Zwingli-Verlag, 1957.

KISSLING, P. J. *Reliable Characters in the Primary History: Profiles of Moses, Joshua, Elijah and Elisha*. Sheffield: Sheffield Academic Press, 1996.

KÖCKERT, M. Elia. Literarische und religionsgeschichtliche Probleme in 1 Kön 17-18. In: BLUM, E.; SCHMID, K.; SCHRÖTER J.; VOLLENWEIDER, S. (orgs.). *Der eine Gott und die Götter. Polytheismus und Monotheismus im antiken Israel*. Zürich: Theologischer Verlag, 2003, 111-143.

LINDBECK, K. H. *Elijah and the Rabbis: Story and Theology*. New York: Columbia University Press, 2010.

O'BRIEN, M. A. The Portrayal of Prophets in 2 Kings 2. *Australian Biblical Review* 46 (1998) 1-16.

ROFÉ, A. *Storie di Profeti. La narrativa sui profeti nella Bibbia ebraica. Generi letterari e storia*. Brescia: Paideia, 1991.

SIMON, U. *Reading Prophetic Narratives*, traduzido do hebraico por L. J. SCHRAMM. Bloomington (IN): Indiana University Press, 1997.

Índice dos textos bíblicos

Antigo Testamento

Gênesis
22,1-19: 15, 16
22,15-18: 15

Êxodo
14: 40, 41

2 Reis
4,1-7: 53-62

Jeremias
2,2-3: 47

Oseias
2,16-18: 47

Joel
4,10: 25

Novo Testamento

Mateus
25,1-12: 31

2 Coríntios
3,6: 28

Índice temático

Affective Fallacy (falácia afetiva): 21
Close reading (leitura atenta): 21
Código de Hammurábi: 55
Desnaturação (*Denaturierung*): 48
Diacrônico: 13, 26-28
Einfühlung: 46
Escravidão (por dívidas): 54, 55
Exegese interna (*Exegesis, innerbiblical*): 8
Folclore: 13, 44, 49, 50
Fonte *eloísta*: 15, 16
Fonte *javista*: 15, 22, 47, 49
Fonte Q: 22, 51
Formgeschichte: 13, 49
Gilgamesh: 18
Grande personalidade: 49
Ideal nômade: 46
Imaginação criativa: 44
Imitação (da realidade): 36, 37
Intenção do autor: 13, 14, 20, 22, 23, 30, 32
Intenção do texto: 16, 22, 32, 40

Intentio auctoris: 32
Intentional Fallacy: 20
Interpretação (vs. uso): 30, 31
Ipsissima verba Jesu: 51
Leitor (papel do): 28-34
Método histórico-crítico: 12-19, 39
Narrativa bíblica: 62
New Criticism (nova crítica): 12, 19-28, 39, 53
Occam (navalha de): 33
Omri (dinastia de): 57-60
Opinio communis: 34
Origens (interesse pelas): 44, 46, 48, 51
Pequeno credo histórico: 49
Personae miserae: 56

Reader-Response Criticism: 29
Realismo: 37
Reforma: 8
Rhetorical Criticism: 21, 22
Romantismo: 42, 43, 45-47, 49, 51, 52
Sagen (relatos populares): 50
Sensus operis (intenção da obra): 32
Sentido literal: 38
Sincrônico: 13, 19, 26-28
Sitz-im-Leben: 49
Teoria documentária: 15
Uso do texto: 25
Uso (vs. interpretação): 30, 31
Volksdichtung: 49

Índice de nomes

Abrams, M. H.: 36, 37, 39, 41, 44, 45
Agostinho: 14, 37, 38
Alter, R.: 62
Altmann, A.: 46
Álvarez Barredo, M.: 60
Amit, Y.: 62
Andersen, F. I.: 59
Aristóteles: 37
Artola Arbiza, A. M.: 9
Baildam, J. D.: 45
Baker, D. W.: 52
Baltzer, K.: 16

Bar-Efrat, S.: 62
Beardsley, M. C.: 20, 21
Beethoven, L. van: 44
Ben Zvi, E.: 13
Bergen, W. J.: 57, 60
Berlin, A.: 62
Blum, E.: 16, 23
Bori, P. C.: 9
Bourquin, Y.: 62
Bravo Aragón, J. M.: 9
Brisebois, M.: 12
Brooke-Rose, C.: 32, 34
Brown, R. E.: 40

Budde, K.: 46
Buis, P.: 54
Bultmann, C.: 45
Butler, M.: 41
Cardellini, I.: 55
Chilton, B.: 54
Chirichigno, G. C.: 55
Cogan, M.: 54
Coote, R. B.: 56, 57, 60
Coyle, M.: 41
Crosman, I.: 29
Culler, J.: 32, 34
Culley, R. C.: 61
Culpepper, R. A.: 40
Davis, T. F.: 29
Dozeman, T. B.: 22
Duhm, B.: 48
Durrer, M.: 62
Eco, U.: 28-34, 36, 53
Empson, W.: 19
Fewell, D. N.: 62
Fillmore, C.: 29
Finkelstein, I.: 41
Fishbane, M.: 8
Fitzmyer, J. A.: 24, 40
Flight, J. V.: 46
Fokkelman, J. P.: 21, 62

Fox, M. V.: 26
Freedman, D. N.: 22, 54, 56
Gehman, H. S.: 54
Gertz, J. C.: 48
Gibert, P.: 49
Gray, J.: 54
Grech, P.: 9
Grimm, J. e W.: 50
Guillemette, P.: 12
Gunkel, H.: 13, 49, 50
Gunn, D. M.: 62
Hauser, A. J.: 21
Herder, J. G.: 45, 46, 49, 51
Hirsch, E. D.: 25
Hoover Rentería, T.: 56
Hugo, V.: 43, 44
Ibn Ezra, A.: 16, 38
Iser, W.: 29
Jeanrond, W. G.: 9
Jeremias, J.: 51
Johnson, S.: 37
Joyce, J.: 33
Kaiser, O.: 24
Kalmin, R.: 56
Kilian, R.: 15
Kirkpatrick, P. G.: 13
Klatt, W.: 49

Koch, K.: 13
Kraus, H.-J.: 45
Krieger, M.: 52
Lancaster, I.: 38
Liverani, M.: 59
Long, V. P.: 52
Lowth, R.: 46
Macholz, C.: 16
Macpherson, J.: 43
Malina, B. J.: 52
Maltusch, J. G.: 45
Mannucci, V.: 9
Manzoni, A.: 43
Marchese, A.: 60
Marguerat, D.: 62
McEvenue, S. E.: 16
McKnight, E. V.: 29
Mendelsohn, I.: 55
Meynet, R.: 21
Moberly, R. W. L.: 15
Montgomery, J. A.: 54
Moor, J. C. de: 17
Mozart, W. A.: 44
Muilenburg, J.: 21
Murphy, R. E.: 40
Nations, A. L.: 22
Ogden, C. K.: 19

Ossian: 43
Platão: 36, 37
Porter, S. E.: 21
Proust, M.: 30
Punter, D.: 41, 43
Rad, G. von: 18, 49
Reventlow, H.: 45, 48, 49, 51
Richards, I. A.: 19, 20
Richter, D. H.: 20
Rofé, A.: 60, 61
Rorty, R.: 32, 34
Rousseau, J.-J.: 45
Sæbø, M.: 8, 24, 38
Sánchez Caro, J. M.: 9
Sandmel, S.: 8
Saussure, F. de: 13
Schökel, L. A.: 9, 19, 27, 28, 34
Schiller, F.: 43
Schmid, K.: 48
Schneiders, S. M.: 40
Scott, W.: 43
Seale, M. S.: 46
Silberman, N. A.: 41
Simian-Yofre, H.: 12, 59
Simon, U.: 38, 60, 61
Ska, J.-L.: 17, 19, 38, 41, 51, 62

Smend, R.: 49
Stamps, D. L.: 21
Steck, O. H.: 12
Stegemann, E. W.: 16
Stemberger, G.: 9
Sternberg, M.: 22, 23, 28, 62
Suleiman, S.: 29
Sweeney, M. A.: 13
Tadmor, H.: 54
Talmon, S.: 46
Theobald, M.: 27
Tigay, J. H.: 18
Timm, S.: 59
Todorov, T.: 29
Tompkins, J. P.: 29
Tucker, G. M.: 13
Tull, P.: 8

Valentino, C.: 12
Vanhoozer, K. J.: 29
Vaux, R. de: 46
Veijola, T.: 16
Warren, A.: 20
Watson, D. F.: 21
Wellek, R.: 12, 20
Wellhausen, J.: 38, 48, 51
Wenham, G. J.: 52
Weren, W. J. C.: 52
Westermann, C.: 15
Wilde, O.: 39
Willi, T.: 45
Wimsatt, W. K.: 20, 21
Witte, M.: 48
Womack, K.: 29
Yeats, W. B.: 36

Edições Loyola

editoração impressão acabamento

Rua 1822 n° 341 – Ipiranga
04216-000 São Paulo, SP
T 55 11 3385 8500/8501, 2063 4275
www.loyola.com.br